C.H.BECK ■ WISSEN
in der Beck'schen Reihe

Dietrich Bonhoeffer (1906–1945) fasziniert bis heute als ein Theologe, der sich den Attentätern vom 20. Juli 1944 angeschlossen hat und der seine theologischen Positionen angesichts politischer und persönlicher Herausforderungen immer wieder überprüft und weiterentwickelt hat. Christiane Tietz schildert meisterhaft diese Verflochtenheit von Leben und Denken, von Bonhoeffers Kindheit und Jugend über seinen Weg in den kirchlichen und politischen Widerstand bis zu seiner Haftzeit, in der seine bewegendsten und bis heute am meisten gelesenen Texte entstanden sind.

Christiane Tietz, geb. 1967, Professorin für Systematische Theologie und Sozialethik an der Universität Mainz, ist Vorsitzende der deutschen Sektion der Internationalen Bonhoeffer-Gesellschaft und Mitglied im Rat der EKD.

Christiane Tietz

Dietrich Bonhoeffer

Theologe im Widerstand

Verlag C.H.Beck

Mit 12 Abbildungen

© Verlag C.H.Beck oHG, München 2013
Satz, Druck u. Bindung: Druckerei C.H.Beck, Nördlingen
Umschlaggestaltung: Uwe Göbel, München
Umschlagabbildung: Dietrich Bonhoeffer im Gefängnis Berlin-Tegel,
Sommer 1944, Foto: akg-images
Printed in Germany
ISBN 978 3 406 64508 2

www.beck.de

Inhalt

Vorwort	**7**
1. Von Breslau nach Berlin, 1906–1923	**9**
Familiäre Prägungen	9
Kindheit und Jugend in Berlin	11
Die Entscheidung zum Theologiestudium	12
2. Von Tübingen zurück nach Berlin, 1923–1927	**15**
Zwei Tübinger Semester	15
Eine Reise nach Italien	15
Das theologische Berlin	17
Die Gemeinschaft der Heiligen	18
«Was ist schöner: Schule oder Ferien?»	20
3. Horizonterweiterungen, 1928–1931	**22**
Als Auslandsvikar in Barcelona	22
Als Assistent in Berlin	27
Als Student in New York	29
4. Premieren, 1931–1932	**35**
Bonhoeffers Begegnung mit Karl Barth	35
Erstes ökumenisches Engagement	36
Erstes Pfarramt	39
Erste Vorlesungen	40
«Ich kam zum ersten Mal zur Bibel»	43
5. Der beginnende Kirchenkampf, 1933	**46**
Hitlers Machtübernahme	46
Die Lage der Kirche	47
6. Als Auslandspfarrer in London, 1933–1935	**55**
Die «Stille des Pfarramts»	55
Die illoyalen Herren Auslandsgeistlichen	56

Bonhoeffers Friedensrede in Fanø 59
Rückkehr nach Deutschland 62

7. Leiter eines Predigerseminars, 1935–1937   **64**
Ein brüderliches Leben 64
«Nachfolge» 69
Druck auf die Bekennende Kirche 73

8. Der Weg in die Illegalität, 1937–1940   **78**
Die neue Form des Seminars 78
«Gemeinsames Leben» 80
Die Krise der Bekennenden Kirche 82
Ausweg USA? 86

9. Die Zeit der Konspiration, 1940–1943   **90**
Vorbereitungen zum Umsturz 90
Die «Ethik» 93
«Liebes Fräulein von Wedemeyer» 97

10. Als Häftling in Berlin-Tegel, 1943–1945   **102**
Eingesperrt 102
«Widerstand und Ergebung» 106
«Brautbriefe Zelle 92» 115
Die letzten Monate 120

Epilog: Ein moderner Heiliger?   **122**
Die Rezeption Bonhoeffers nach 1945 122
Dietrich Bonhoeffer heute 131

Zeittafel 135
Die Familie Bonhoeffer 139
Literatur 141
Bildnachweis 142
Personenregister 143

Vorwort

«Eine Erkenntnis kann nicht getrennt werden von der Existenz, in der sie gewonnen ist.» Diese Einsicht Dietrich Bonhoeffers bringt auf den Punkt, warum er weit über den deutschsprachigen Raum hinaus berühmt geworden ist. Leben und Denken sind bei Bonhoeffer so eng verbunden, dass sein ungewöhnlicher Lebensweg auf seine Theologie neugierig macht und umgekehrt seine theologischen Thesen von den Erfahrungen seines Lebens durchdrungen sind. Wer sich mit dem Menschen Bonhoeffer beschäftigt, kommt um die Auseinandersetzung mit seiner Theologie nicht herum, und wer seine Theologie verstehen will, muss seine Biographie zur Kenntnis nehmen.

Dietrich Bonhoeffer war einer der führenden evangelischen Theologen im Widerstand gegen den Nationalsozialismus. Schon früh erkannte er die Bedrohungen, die von diesem ausgingen. Er war an der Gründung der Bekennenden Kirche beteiligt und übernahm später die Leitung eines ihrer Predigerseminare. In den Kriegsjahren gehörte er zur Gruppe der politischen Verschwörer, die das Attentat auf Adolf Hitler am 20. Juli 1944 vorbereiteten. Von den Nationalsozialisten inhaftiert, verbrachte er die letzten beiden Jahre seines Lebens im Gefängnis. Kurz vor Kriegsende wurde er im Konzentrationslager Flossenbürg erhängt.

Während Bonhoeffer in der Bekennenden Kirche manchen als zu radikal galt und sein politischer Widerstand in den ersten Nachkriegsjahren bei vielen Christen auf Unverständnis stieß, hat sich später ein fast durchgängig positives Bonhoeffer-Bild durchgesetzt. Zwar gibt es nach wie vor Stimmen, die die wissenschaftliche Qualität seiner Theologie bestreiten, aber seine Schriften werden bis heute viel gelesen. In kirchlichen Kreisen ist er als Inspirationsquelle willkommen, und die Forschung zu ihm beschäftigt zahlreiche Historiker und Theologen. Die

Verehrung kann so weit gehen, dass Bonhoeffer zu einem unangefochtenen Helden oder zeitlosen Weisheitslehrer stilisiert wird. Dabei entsteht ein Bild von ihm, das mit der realen Person und ihrem Werk nur noch wenig zu tun hat.

Demgegenüber will dieses Buch, im Bewusstsein eines Abstands von fast siebzig Jahren, Bonhoeffer im Kontext seiner Zeit darstellen und dabei kritischen Fragen zu seinem Leben und Werk nicht ausweichen. Es folgt chronologisch seiner Biographie und damit verbunden der Entwicklung seines Denkens. Der Epilog skizziert die Rezeption Bonhoeffers und fragt schließlich nach seiner Aktualität.

I. Von Breslau nach Berlin, 1906–1923

Familiäre Prägungen

Wie zahlreiche Mitglieder des politischen Widerstandes kam auch Dietrich Bonhoeffer aus einer großbürgerlichen Familie. Sein Vater Karl Bonhoeffer war Professor für Psychiatrie und Neurologie, zunächst in Breslau, ab 1912 an der Berliner Charité. Er entstammte einer seit dem 16. Jahrhundert in Schwäbisch Hall ansässigen Bürgerfamilie, in die mit Karl Bonhoeffers Mutter Julie Tafel eine revolutionär und sozialistisch geprägte Persönlichkeit eingeheiratet hatte.

Dietrich Bonhoeffers Mutter Paula von Hase war Tochter des Pfarrers und Breslauer Konsistorialrates Karl Alfred von Hase, seinerseits Sohn des berühmten Jenaer Kirchengeschichtsprofessors Karl August von Hase. Paula von Hases Mutter, Clara Gräfin von Kalckreuth, stammte aus einer preußischen Kunstmalerfamilie; sie hatte noch bei Clara Schumann und Franz Liszt Klavierunterricht erhalten. Bürgerliche Ideale bestimmten Dietrich Bonhoeffers familiäre Ursprünge folglich genauso wie Mut zur Umgestaltung der Gesellschaft, eine lange universitäre Tradition nicht minder als die schönen Künste. In seinem Lebensweg lassen sich diese unterschiedlichen Prägungen allesamt entdecken.

Dietrich Bonhoeffers Vater war eine strenge und beherrschte Persönlichkeit. Ein Kollege urteilte über ihn: «So wie ihm alles Maßlose, Übertriebene, Undisziplinierte von Grund auf zuwider war, so war an ihm selber alles Beherrschtheit, Einhalten der Form, äußerste Disziplin.» (Zitiert nach Leibholz-Bonhoeffer, 23) Wissenschaftlich konnte er der nach dem Unbewussten und verdrängten Gefühlen suchenden Psychoanalyse Sigmund Freuds oder Carl Gustav Jungs nichts abgewinnen – wie dann auch sein Sohn Dietrich, der gegenüber seelischer Selbstbespiegelung immer skeptisch blieb. Karl Bonhoeffers eigener Ansatz war an hirnpathologischen Befunden orientiert. Auch wenn der Vater im persönlichen Umgang mit anderen einfühlsam war, galt ihm die Beherrschung der eigenen Gefühle als zentrale Tugend. Geschwätzigkeit verachtete er bei sich ebenso wie bei anderen. So durften die Kinder bei Tisch nur sprechen, wenn sie nach den Ereignissen des Tages befragt wurden. Dennoch mochten die Kinder ihren Vater sehr, wussten sie doch bei ihm stets, woran sie waren.

Dietrich Bonhoeffers Mutter war stärker beziehungs- und gefühlsorientiert. «Sie hatte einen großen Lebensmut, sprach natürlich, lebendig und temperamentvoll, und es war ihr gleichgültig, was andere von ihr dachten. Sie tat, was sie für richtig hielt.» (Leibholz-Bonhoeffer, 16) Zahlreiche Angestellte erleichterten der Mutter die Bewältigung des Haushalts. Eine Herrnhuterin, die von den Kindern heiß geliebte Maria Horn, half ihr bei der Erziehung. Durch ein Lehrerinnenexamen pädagogisch geschult, unterrichtete die Mutter ihre Kinder teilweise selbst, später durch Käthe Horn unterstützt, die Schwester von Maria Horn. Stets aber blieb die Mutter selbst für den Religionsunterricht verantwortlich. Sie betete bei Tisch und abends mit den Kindern und erzählte ihnen biblische Geschichten. Selbstverständlich wurden die Kinder konfirmiert. Doch in den regulären Gemeindegottesdienst ging die Familie so gut wie nie.

Dietrich Bonhoeffer kam am 4. Februar 1906 zusammen mit seiner Zwillingsschwester Sabine in Breslau zur Welt. Sie waren das sechste und siebte Kind der Eltern, nach den drei Jungen Karl-Friedrich, Walter und Klaus und den beiden Mädchen Ursula und Christine.

Die drei Jahre später geborene Susanne beschloss die große Kinderschar. Karl-Friedrich wurde Physiker, Walter fiel als Soldat achtzehnjährig im Ersten Weltkrieg, Klaus wurde Jurist. Ursula heiratete den Juristen Rüdiger Schleicher, Christine den Juristen Hans von Dohnanyi. Beide Männer beteiligten sich zusammen mit Klaus und Dietrich Bonhoeffer am politischen Widerstand gegen Adolf Hitler und bezahlten dafür 1945 mit ihrem Leben. Sabine heiratete den Staatsrechtler Gerhard Leibholz, Susanne den Theologen Walter Dreß.

Abb. 1: Paula Bonhoeffer mit ihren acht Kindern. Untere Reihe von links: Ursula, Dietrich, Susanne, Sabine, Christine; obere Reihe von links: Walter, Karl-Friedrich, Klaus, Aufnahme von 1911/12.

Kindheit und Jugend in Berlin

Für Dietrich Bonhoeffers weiteren Weg wurde der Umzug der Familie 1912 von Breslau nach Berlin bestimmend. Zunächst wohnte die Familie in der Stadtmitte, in einer Wohnung nahe des Tiergartens. Als Dietrich Bonhoeffer zehn Jahre alt war, zog man in eine Villa im Grunewald, mit Berühmtheiten wie dem Physiker Max Planck, dem Kirchenhistoriker Adolf von Harnack und dem Historiker Hans Delbrück in der Nachbarschaft.

Einen besonderen Stellenwert für das Familienleben besaß das gemeinsame Musizieren. Dietrich Bonhoeffer lernte Klavier und hat bis zu seiner Verhaftung 1943 regelmäßig gespielt. Für die Ferienzeit erwarben die Eltern ein ehemaliges Forsthaus in Friedrichsbrunn im Harz. Die dortigen Eindrücke aus seinen Kindertagen sollten Dietrich Bonhoeffer bis in die spätere Haft hinein begleiten. Aus seiner Gefängniszelle schrieb er:

> In meinen Phantasien lebe ich viel in der Natur, und zwar eigentlich im sommerlichen Mittelgebirge, d. h. in den Waldwiesen bei Friedrichsbrunn oder auf den Hängen, von denen aus man über Treseburg auf den Brocken sieht. Ich liege dann auf dem Rücken im Grase, sehe bei leichtem Wind die Wolken über den blauen Himmel ziehen und höre die Geräusche des Waldes. Es ist merkwürdig, wie stark Kindheitseindrücke dieser Art gestaltend auf den ganzen Menschen einwirken, so daß es mir geradezu unmöglich und meinem Wesen widersprechend erschiene, daß wir etwa ein Haus im Hochgebirge oder auch am Meer gehabt haben könnten! Das Mittelgebirge ist für mich die Natur, die zu mir gehört ... bzw. die mich mit gebildet hat. (DBW 8, 322)

Die erwachsenen Kinder berichteten von einer glücklichen Kindheit. Auch später blieben die familiären Bande eng. Das belegen die zahlreichen Briefe, die zwischen den Familienmitgliedern hin- und hergingen. Man hatte ein vertrauensvolles Verhältnis zueinander und war sicher, sich aufeinander, insbesondere auf die Unterstützung der Eltern, verlassen zu können. Dietrich Bonhoeffer wusste um das Gute, aber auch Ungewöhnliche, das darin lag. Als Student äußerte er:

> Ich möchte einmal ungeborgen sein. Wir können die anderen nicht verstehen. Bei uns sind immer die Eltern da, die alle Schwierigkeiten erleichtern. Und ob wir auch noch so weit weg sind, gibt uns das eine so unverschämte Sicherheit. (Zitiert nach Bethge, 42)

Die Entscheidung zum Theologiestudium

Wichtig für Dietrich Bonhoeffers intellektuelle Prägung waren seine weiterführenden Schulen, das Friedrichwerdersche und das Grunewaldgymnasium (heute Walther-Rathenau-Schule), welches er seit 1919 besuchte. Beide waren berühmte humanistische Gymnasien. Seinem jugendlichen Interesse für Geschichte und Literatur, für Philosophie und die verschiedenen Künste kamen diese Ausbildungsstätten entgegen. Mit der Jugendbewegung der damaligen Zeit hatte Bonhoeffer über die Pfadfinder Kontakt. «... da machen wir immer Sonntag vormittags Übungen, Kriegsspiele oder so was. Es ist immer sehr nett» (DBW 9, 23), schrieb er dreizehnjährig an die Großmutter. Die politischen Entwicklungen wie die Novemberrevolution 1918 und die Ermordung des Außenministers Walther Rathenau 1922 erlebte er in Berlin aus nächster Nähe mit, die tödlichen Schüsse auf Rathenau konnte er in seinem Klassenzimmer hören.

Dass Dietrich Bonhoeffer sich zum Theologiestudium entschloss, verwunderte seine Familie, da die verfasste Kirche in ihrem Alltag so gut wie keine Rolle spielte. Vor allem der Vater war über die Berufswahl sichtlich enttäuscht. Auf dem Höhepunkt des Kirchenkampfes schrieb er rückblickend an seinen Sohn, er habe befürchtet,

> daß ein stilles unbewegtes Pastorendasein, wie ich es von meinen schwäbischen Onkeln kannte und wie es Mörike schildert, eigentlich doch fast zu schade für Dich wäre. Darin habe ich ja, was das unbewegte anlangte, mich gröblich getäuscht. (DBW 13, 90)

Was Bonhoeffer zu diesem Entschluss bewogen hat, bleibt letztlich im Dunkeln. Vielleicht war ein Grund der frühe Tod seines Bruders Walter im April 1918 an der Front. Fünf Tage nachdem er beim Vormarsch verwundet worden war, erlag Walter seinen Verletzungen. Die ganze Familie war durch diesen Verlust erschüttert, und die Mutter konnte sich kaum von ihm erholen. Für Wochen litt sie unter starken Depressionen, was für den zwölfjährigen Jungen sicher irritierend war. Dietrich Bonhoeffer bekam von ihr zur Konfirmation dann die Bibel seines Bruders Walter geschenkt; er hat sie zeitlebens für seine eigene Bibellektüre und die Vorbereitung von Predigten benutzt.

Auch die anderen Todesfälle in der Bekanntschaft während des Krieges belasteten die Kinder. Sabine Leibholz-Bonhoeffer berichtet:

> Wir hörten vom Tod der großen Vettern und der Väter der Klassenkameraden. So lagen wir abends nach dem Beten und Singen ...

lange noch wach und versuchten uns das «Totsein» und das ewige Leben vorzustellen. ... Als Dietrich mit zwölf Jahren sein eigenes Zimmer bekam, verabredeten wir, daß Dietrich abends an die Wand donnern würde, wenn Susi und ich «an Gott denken» sollten. (Leibholz, 17 f.)

Durch den Krieg waren die Kinder mit Themen und Fragen konfrontiert, die normalerweise in diesem Alter keine Rolle spielen. Mit 26 Jahren vermerkte Dietrich Bonhoeffer selbstreflexiv, er habe als Kind gern über den Tod nachgedacht und sich einen frühen, gottergebenen Tod gewünscht, an dem andere erkennen können, «daß das Sterben nicht hart, sondern herrlich ist für den, der an Gott glaubt» (DBW 11, 373). Gleichzeitig habe er gespürt, dass er am Leben hing – und sich für diesen inneren Zwiespalt geschämt.

Bonhoeffers Freund und Biograph Eberhard Bethge vermutet, neben der Erschütterung durch den Tod des Bruders sei für diesen Berufswunsch auch «ein elementarer Drang nach Selbständigkeit» zentral gewesen. «... weil er einsam war, wurde er Theologe – und weil er Theologe wurde, war er einsam» (Bethge, 62). Bonhoeffer legte sich später Rechenschaft darüber ab, dass ihn, neben der persönlichen Glaubensüberzeugung, wohl auch eine gehörige Portion Eitelkeit bei seiner Entscheidung zur Theologie bestimmt hatte, die durch den Wunsch genährt wurde, im Zentrum der Aufmerksamkeit zu stehen.

2. Von Tübingen zurück nach Berlin, 1923–1927

Zwei Tübinger Semester

Im Frühjahr 1923 begann Dietrich Bonhoeffer sein Studium der Evangelischen Theologie in Tübingen. Er ging damit an die Universität, an der auch sein Vater studiert hatte, und trat in dessen nichtschlagende Studentenverbindung «Igel» ein. An dieser reizten ihn vor allem die gemeinsamen Gespräche und Unternehmungen, Anfragen an die politische Ausrichtung hatte er wohl nicht. Er verließ den «Igel» allerdings, als dieser 1933 den Arierparagraphen einführte und «nichtarische» Mitglieder ausschloss. In die Tübinger Zeit fiel auch eine zweiwöchige Wehrübung, an der er nach Rücksprache mit den Eltern teilnahm, weil er meinte, «daß es je eher, je besser ist, daß man die Sache hinter sich bringt, um für kritische Lagen ein gesichertes Gefühl zu haben, mithelfen zu können» (DBW 9, 67).

Bonhoeffer hörte in Tübingen bei den bedeutenden Theologen Adolf Schlatter und Karl Heim, besuchte jedoch mit größerem Interesse Veranstaltungen bei dem Philosophen Karl Groos. Die von diesem behandelten Fragen der Erkenntnistheorie sollten ihn für mehrere Jahre nicht mehr loslassen. Doch so richtig begeisterte ihn Tübingen nicht, weshalb er sich schon nach zwei Semestern zur Rückkehr nach Berlin entschloss.

Eine Reise nach Italien

Zuvor jedoch begab er sich mit seinem Bruder Klaus auf eine zweimonatige Reise in den Süden, die für ihn richtungweisende Eindrücke bereithalten sollte. Im Frühjahr 1924 fuhren die beiden zuerst für zweieinhalb Wochen nach Rom. Die Stadt mit ihren antiken und christlichen Denkmälern, gleichzeitig pulsierende moderne Weltstadt, beeindruckte sie tief. Nach einer Messe in Trinità dei Monti, der damals einem Frauenor-

Abb. 2: Dietrich Bonhoeffer als Student in Tübingen, um 1923.

den zugehörigen Kirche am oberen Ende der Spanischen Treppe, schrieb Dietrich Bonhoeffer in sein Tagebuch, er habe in der Vesper der Novizinnen «Gottesdienst im wahren Sinne» erlebt, «einen unerhört unberührten Eindruck tiefster Frömmigkeit». Die Tagebucheintragung schließt:

> Der Tag war herrlich gewesen, der erste Tag, an dem mir etwas Wirkliches vom Katholizismus aufging, nichts von Romantik usw., sondern ich fange, glaube ich, an, den Begriff «Kirche» zu verstehen. (DBW 9, 89)

Diese Bemerkung ist für einen Theologiestudenten überraschend. Sie offenbart, dass für Bonhoeffer zu Beginn seiner theologischen Existenz das reale gemeinsame Leben der Glaubenden als Kirche noch bedeutungslos war. Das hängt vermutlich damit zusammen, dass in seiner eigenen Familie christlicher Glaube fast völlig ohne Bezug zur institutionellen Kirche gelebt wurde. Erst in Rom wurde Bonhoeffer deutlich – angesichts der Anschaulichkeit der Kirche, zu der Menschen aus aller Welt gehören –, dass für das Christsein die sichtbare Kirche und gemeinsame Gottesdienste wesentlich sind. Die Möglichkeit, in der Kirche die Beichte ablegen zu können und Sündenvergebung zugesprochen zu bekommen, faszinierte ihn. Denn in der Beichte wird konkret erfahrbar, dass der Glaubende nicht allein ist, sondern in einer Gemeinschaft von Glaubenden steht:

> Nachmittag Maria Maggiore, großer Beichttag, alle Beichtstühle besetzt und von Betenden umdrängt. Man sieht hier so erfreulich viel ernste Gesichter, bei denen alles, was man gegen den Katholizismus sagt, nicht zutrifft. ... Die Beichte muß nicht zur «Skrupulosität» führen ... Sie ist ... für religiös Weiterblickende die Vergegenständlichung der Idee der Kirche, die sich in Beichte und Absolution vollzieht. (DBW 9, 89 f.)

Der römische Eindruck von der Wirklichkeit der Kirche muss tief gewesen sein. Er führte dazu, dass Bonhoeffer sich sowohl in seiner Dissertationsschrift als auch in seiner Habilitationsschrift mit der Frage beschäftigte, welche Rolle aus evangelischer Sicht die Kirche für den Glauben spielt.

Nach einem Abstecher nach Sizilien und ins nordafrikanische Tripolis fuhren die Brüder über Neapel noch einmal in die italienische Hauptstadt – und dann zurück nach Berlin.

Das theologische Berlin

An der theologischen Fakultät der Friedrich-Wilhelms-Universität lehrten die Großen der damaligen Zeit. Der berühmte Kirchengeschichtler Adolf von Harnack war zwar seit 1921 emeritiert, bot aber noch Seminare für einen kleinen Kreis von Studierenden an, zu dem auch Bonhoeffer eingeladen wurde. Man las Texte aus den ersten christlichen Jahrhunderten. Bonhoeffer war beeindruckt von diesem Altmeister der so genannten Liberalen Theologie. Die Liberale Theologie war seit gut hundert Jahren die vorherrschende Richtung protestantischer Theologie. Sie kritisierte die traditionellen kirchlichen Dogmen und betonte die individuelle Religiosität des Einzelnen. Inhaltlich stand Bonhoeffer Harnacks Grundansatz durchaus skeptisch gegenüber, wurde er doch zeitgleich mit dem Entwurf des großen Kritikers der Liberalen Theologie, Karl Barth, bekannt. Anlässlich der Verteidigung seiner Promotionsthesen vor der Theologischen Fakultät machte Bonhoeffer jedoch deutlich, wie viel er Harnack verdankte: «Zu eng mit meiner ganzen Person verbunden ist das, was ich in Ihrem Seminar gelernt und verstanden habe, als daß ich es je vergessen könnte.» (DBW 9, 477)

Zahlreiche Veranstaltungen besuchte Bonhoeffer beim Lutherforscher Karl Holl und schrieb bei ihm mehrere Seminararbeiten über den Reformator. Neben Karl Barth ist Luther derjenige Theologe, der Bonhoeffer in seinem eigenen Denken am meisten beeinflusst hat. Seine Kritik an Barth hängt oft genau damit zusammen. Die Promotion verfasste Bonhoeffer dann aber bei dem Dogmenhistoriker und Systematischen Theologen Reinhold Seeberg, weil er bei ihm seinem Interesse nachgehen konnte, «halb historisch halb systematisch» (DBW 9, 156) über die Kirche zu schreiben.

Die Gemeinschaft der Heiligen

Als Gegenstand seiner Doktorarbeit wählte Bonhoeffer die Kirche. Schon mit 21 Jahren schloss er seine Studie *Sanctorum Communio. Eine dogmatische Untersuchung zur Soziologie der Kirche* ab; 1930 erschien sie im Druck. Bonhoeffer beschäftigte sich in ihr mit der Sozialität, das heißt der grundsätzlich sozialen Ausrichtung, des Menschen und des christlichen Glaubens. Der Mensch zeichnet sich nach Bonhoeffers Überzeugung nicht primär dadurch aus, dass er ein autonomes Vernunftwesen im Sinne der Aufklärung ist. Er ist vielmehr ein Wesen, das nur in der Begegnung mit einem Anderen, dort, wo er auf seine Verantwortung gegenüber einem Anderen aufmerksam wird, wirklich Mensch ist. Anders gesagt: Wer er ist, erkennt der Mensch erst, wenn ihm ein Anderer gegenübertritt, wenn ihm ein konkretes Du begegnet, das ihn in seiner Hilfe und Zuwendung beansprucht. In diesem Augenblick wird der Mensch zur Person.

Ist der Mensch damit im Kern als soziales Wesen bestimmt, dann muss auch zum Christsein soziale Existenz unverzichtbar hinzugehören. Bonhoeffer ist überzeugt, dass man nicht für sich selbst Christ sein kann, sondern immer nur in der Gemeinschaft der Glaubenden, in der *communio sanctorum*, der Gemeinschaft der Heiligen. Mehr noch: Nur im Glauben realisiert der Mensch seine soziale Grundanlage umfassend, denn im Glauben vollzieht sich eine völlige Neuorientierung der menschlichen Existenz. Während der Mensch in der Sünde in einer rein fordernden Beziehung zu anderen Menschen steht und sich nur um sich selbst dreht, ist er im Glauben von dieser Selbstbezogenheit frei und offen für den Anderen. Dies ist kein theologisches Ideal, sondern ereignet sich nach Bonhoeffer ganz konkret, eben dort, wo Menschen miteinander Kirche sind, das heißt Gottesdienst feiern, füreinander da sind, für Andere beten und sich gegenseitig Sünden vergeben. Dort realisiert sich, dass alle Christen durch ihren Glauben an Christus immer schon in einer Gemeinschaft stehen.

Bonhoeffer beschreibt in seiner Arbeit die Gemeinschaftsstruktur der Kirche – das war zur damaligen Zeit neu – mit soziologischen Methoden. Er verwendet die Begrifflichkeit der wissenschaftlichen Soziologie, um das Zusammensein von Menschen in der Kirche zu beschreiben. Und doch ist er davon überzeugt, dass die Wirklichkeit der Kirche sich nicht in soziologischen, das heißt empirisch wahrnehmbaren Kategorien erschöpft. Die Kirche ist als geschichtliche Gemeinschaft mit soziologischen Mitteln beschreibbar, aber sie ist «gottgesetzt zugleich» (DBW 1, 79). Das Zusammengehören von Menschen in der Kirche ist letztlich nicht in ähnlichen Interessen oder einem Bedürfnis nach Vergemeinschaftung begründet, sondern in Gott. Denn durch die Beziehung der einzelnen Glaubenden zu Jesus Christus stehen diese auch in einer Beziehung zueinander. Bonhoeffer formuliert das später so: «Christliche Gemeinschaft heißt Gemeinschaft durch Jesus Christus und in Jesus Christus.» (DBW 5, 18) Gleichzeitig ist in der christlichen Gemeinschaft Christus gegenwärtig. Bonhoeffer hat dafür die berühmte Formel geprägt, die Kirche sei «Christus als Gemeinde existierend» (z. B. DBW 1, 87). In der Kirche, in Predigt und Sakramenten und im liebevoll zugewandten Nächsten, begegnet dem Menschen Jesus Christus. Eine andere Möglichkeit, Christus zu begegnen, gibt es heute, d. h. für diejenigen, die nicht zu seinen Lebzeiten existieren, nicht mehr.

In der Dissertation zeigt sich bereits deutlich, dass Bonhoeffer inzwischen auf die Theologie Karl Barths gestoßen war. Seit dem Wintersemester 1924/25 verfolgte er die neuen theologischen Gedanken des Vaters der so genannten Dialektischen Theologie mit intensiver Neugier. Karl Barth hatte kurz zuvor mit der zweiten Auflage seines «Römerbriefs» von 1922 für Furore an den Theologischen Fakultäten und in den Pfarrhäusern gesorgt. Hier trat einer auf, um die gesamte damalige Theologie zu kritisieren, weil in ihr «der *Mensch* groß gemacht [wird] auf Kosten *Gottes*» (Barth, Die Menschlichkeit Gottes, 1956, 5). Der Fehler der zeitgenössischen Theologie liege darin, dass sie in höchsten Tönen von der Religion des Menschen und ihrer kulturellen Kraft spreche anstatt von Gott selbst. Doch menschliche Religion kann Gott nie erreichen, weil zwischen Gott und Mensch ein «unendlicher qualitativer Unterschied» besteht (vgl. Barth, Der Römerbrief. Zweite Fassung 1922, ¹⁵1989, 73). Gott muss sich selbst dem Menschen zu erkennen geben, er muss sich ihm offenbaren. Selbst dann wird der Mensch Gottes nicht habhaft werden, Gott bleibt unverfügbar. Bonhoeffer hat Barths Unterscheidung zwischen Religion und Offenbarung überzeugt. Und ihn hat Barths These fasziniert, Aufgabe der Theologie sei das Reden von Gott und ihr Ausgangspunkt die kirchliche Predigt. Aber er wird in seiner Habilitationsschrift Barths einseitige Betonung der Unverfügbarkeit Gottes seinerseits kritisieren.

«Was ist schöner: Schule oder Ferien?»

Seit er an der Dissertation arbeitete, beteiligte sich Bonhoeffer an den Kindergottesdiensten der Grunewaldkirche; dies war für die Erlangung des Ersten Theologischen Examens notwendig. Seine Predigten sind direkt und emotional. Sie versuchen, an der Erfahrungswelt der Kinder anzuknüpfen. Eine Ansprache über die Zehn Gebote beginnt er mit den Worten: «Ihr alle könnt mir auf die erste Frage Antwort geben. Was ist schöner: Schule oder Ferien? Wollen da wirklich so ein paar ganz Brave sagen: die Schule ist schöner? Ach nein, das glaub ich doch nicht.» (DBW 9, 491) Von hier aus führt er die Kinder in den Unterschied zwischen Freiheit und Zwang ein, um sie zu der Pointe zu führen, dass für denjenigen Zwang gleichzeitig Freiheit ist, der das Geforderte gern tut. Die Kinder sollen so verstehen, dass die Zehn Gebote sie nicht einengen, sondern für den, der Gott liebt, leicht zu halten sind.

Offensichtlich war Bonhoeffer bei den Grunewald-Kindern beliebt. Einige trafen sich noch im Frühjahr 1927 mit ihm in einem Jugendkreis. Man besprach dort politische, kulturelle und theologische Fragen und besuchte gemeinsam musikalische Veranstaltungen.

3. Horizonterweiterungen, 1928–1931

Recht außergewöhnlich für einen jungen Mann seiner Generation waren die vielen Auslandserfahrungen, die Bonhoeffer sammeln konnte. Nach der Promotion ging Bonhoeffer für ein Jahr als Vikar in eine deutsche Auslandsgemeinde in Barcelona, zwei Jahre später für zehn Monate zum Studium an das Union Theological Seminary in New York.

Als Auslandsvikar in Barcelona

Im Februar 1928 traf Bonhoeffer in Barcelona ein. Der Berliner Superintendent Max Diestel hatte ihm die Möglichkeit eines Auslandsvikariates in der deutschen Gemeinde in Barcelona angeboten. Weil Bonhoeffer den Wunsch verspürte, sich aus dem bisher Bekannten herauszubewegen und einmal ganz auf eigenen Füßen zu stehen, besprach er sich zunächst mit seinen Eltern. In seinem spanischen Tagebuch hielt er fest, dass sich die Frage dann aber «von selbst» entschied. Ihm gehe es oft so: Er verfüge nicht über ein Ja oder Nein zu einer Sache, sondern irgendwann entstehe in ihm die Klarheit der Entscheidung, die weniger intellektueller als instinktiver Art sei. Auch an anderen Entscheidungspunkten seines Lebens lässt sich Ähnliches beobachten.

Für Bonhoeffer wurde die Zeit in Barcelona, wie er später schrieb, die «erste Begegnung ... mit der ökumenischen Christenheit» (DBW 16, 366). Ihm wurde hier zum ersten Mal deutlich, dass die christliche Kirche keine nationale, sondern eine weltweite Größe ist – eine Einsicht, die für seinen Einsatz in der ökumenischen Bewegung wenige Jahre später, sein Friedensengagement und seine Kritik am völkischen Denken der Deutschen Christen richtungweisend werden sollte. Etliche Reisen durch Spanien während seiner Vikarszeit, unter anderem nach

Madrid, Mallorca, Marokko und Andalusien, erweiterten seinen Horizont auch kulturell.

Die Arbeit in der Gemeinde war allerdings nicht einfach. Mit seinem Lehrpfarrer Friedrich Olbricht verstand er sich gut genug, ein wenig mochte man sich sogar. Dennoch hielt Bonhoeffer abschließend in seinem Tagebuch fest, sie seien sich im Grunde fremd geblieben. Bonhoeffer berichtete in Briefen aus dieser Zeit, dass es eine gewisse Konkurrenzsituation zwischen beiden gegeben habe. Denn nachdem Bonhoeffer in der Gemeinde eingeführt war und zu den eigentlich schlecht besuchten Gottesdiensten deutlich mehr Gemeindeglieder kamen, wenn Bonhoeffer predigte, gab Olbricht nicht mehr im Vorfeld bekannt, wer am Sonntag auf der Kanzel stand. Bonhoeffer machte außerdem seine Berliner Erfahrungen fruchtbar und baute einen gut besuchten Kindergottesdienst in der Gemeinde auf.

Zur Gemeinde gehörte eine soziale Hilfsstelle, an die sich in Not gekommene Deutsche wenden konnten. Die schwierige wirtschaftliche Lage in den zwanziger Jahren betraf viele, die in die Sprechstunden kamen. In Bonhoeffers Briefen spürt man, dass er mit dieser Arbeit seine Mühe hatte:

> Während der Abwesenheit des Pfarrers hatte ich die Sprechstunde für den Hilfsverein allein zu halten morgens von 9-11 Uhr; meist ist das kein sehr erfreulicher Anfang des Tages – wenn auch sehr instruktiv und interessant. Man wird eigentlich dauernd belogen, – was man dann erst nachher herauskriegt – und selten gibt es einen Fall, wo man wirklich gern und mit gutem Gewissen hilft und das ist eigentlich schade. (DBW 10, 51)

Indessen führte diese Arbeit dazu, dass Bonhoeffer eine ungewohnte Offenheit für die verschiedenartigsten Menschen entwickelte und besser unterscheiden lernte zwischen denen, die sich christlich nennen, und denen, die wirklich christlich sind, – ein Unterscheidungsvermögen, das sich in der Gefängniszeit noch deutlicher ausprägen sollte:

> Man begegnet hier den Menschen wie sie sind, fern von der Maskerade der «christlichen Welt»; Leute mit Leidenschaften, Verbrechertypen, kleine Leute mit kleinen Zielen, kleinen Trieben und kleinen

Verbrechen, – alles in allem Leute, die sich heimatlos fühlen in beiderlei Sinn, die auftauen, wenn man freundlich mit ihnen redet, – wirkliche Menschen; ich kann nur sagen, daß ich den Eindruck habe, daß gerade diese viel eher unter der Gnade als unter Zorn, daß aber gerade die christliche Welt viel eher unter dem Zorn als unter der Gnade steht. «Ich werde gesucht von denen, die nicht nach mir fragten ... und zu denen, die meinen Namen nicht anrufen, spreche ich: Hier bin ich.» (Jes. 65,1) (DBW 10, 90 f.)

Neben den regelmäßigen Predigten hielt Bonhoeffer einige Gemeindevorträge. In ihnen zeigt sich zum Teil das ungebrochene Pathos eines jungen Mannes, zum Teil werden hier theologische Grundentscheidungen sichtbar, die für ihn auch später noch große Bedeutung hatten. In einem Vortrag über die alttestamentlichen Propheten ermahnte Bonhoeffer angesichts der Verunsicherung durch den Ersten Weltkrieg und die schwierige wirtschaftliche und soziale Situation in Europa seine Zuhörer streng:

Unsere Zeit geht aus den Fugen, die Lebenskraft unseres Volkes, Europas scheint gebrochen. Aus allen Ecken und Winkeln grinst die Fratze der Dekadenz, der Unmoral, des Zynismus, der Verderbnis. Angesichts dessen gilt es einfach zu werden ... Ein Volk, das emporkommen will, muß Ernst machen mit Gottes Willen, muß Ernst machen mit einem Leben in der Sittlichkeit. Alle Schicksalsschläge, die über ein Volk ergehen, sind gerecht und verdient, denn Gott schickt sie; es gilt nur aus ihnen die Folgen zu ziehen und sie zu tragen als eine Last, die Gott uns auferlegt. (DBW 10, 301)

In einem Vortrag über Jesus Christus und das Wesen des Christentums begegnet zum ersten Mal die Unterscheidung zwischen Religion und christlichem Glauben, die Bonhoeffer aus der Theologie Karl Barths übernommen hat. Sie sollte für Bonhoeffers Theologie relevant bleiben, wenn auch mehr und mehr mit eigenen Akzentsetzungen. Doch zu dieser Zeit folgte er ganz Karl Barth. Während Religion für Bonhoeffer der Versuch des Menschen ist, zu Gott zu kommen, sich selbst einen Weg zu Gott zu bahnen, beginnt der christliche Glaube bei Gottes Weg zum Menschen, den dieser in Jesus Christus gegangen ist:

> Der Abstand [zwischen Gott und Mensch] bleibt vom Menschen aus unüberbrückbar. Des Menschen Wissen von Gott bleibt eben menschliches, begrenztes, relatives, anthropomorphes Wissen, des Menschen Wollen zum Glauben bleibt eben menschliches Wollen mit letztlich menschlichen Zielen und Motiven. Der religiöse Weg des Menschen zu Gott führt von sich aus zum Abgott unseres Herzens, den wir nach unserem Bilde schufen. ... Soll Mensch und Gott zusammenkommen, so gibt es nur einen Weg: den Weg Gottes zum Menschen. (DBW 10, 314 f.)

Im gleichen Vortrag bringt Bonhoeffer eine weitere Differenzierung, die für sein Denken fortan grundlegend bleiben wird, die Unterscheidung zwischen System oder Prinzip auf der einen und konkreter geschichtlicher Existenz auf der anderen Seite. Wer mit einem fertigen System an die Wirklichkeit herantritt, wer meint, mit allgemeinen Prinzipien und Grundsätzen der Realität angemessen begegnen zu können, der wird sie nicht wahrnehmen, sondern immer nur sein eigenes, vorher von ihr intellektuell geformtes Bild entdecken. Wer hingegen offen für die konkrete Situation ist, in der er steht, und die kontingente, unausdenkbare Geschichte, der wird in seinen fertigen Vorstellungen und Ideen aufgebrochen und durch die Wirklichkeit wohltuend irritiert.

Ein dritter Gemeindevortrag in Barcelona zu Grundfragen einer christlichen Ethik nimmt noch einmal den Unterschied zwischen Prinzip und Konkretem auf:

> [Es gilt der Umstand,] daß es christliche Normen und Prinzipien sittlicher Art nicht gibt und nie geben kann, daß es vielmehr die Begriffe «gut» und «böse» nur im Vollzug einer Handlung, d. h. aber in der jeweiligen Gegenwart gibt, daß mithin jeder Versuch, Prinzipien darzulegen, dem Versuch gliche, den Vogel im Fluge zu zeichnen. (DBW 10, 323)

Denn wenn der Mensch sich an Prinzipien und Grundsätzen für sein Verhalten orientieren könnte, dann «gäbe es ein sittliches Handeln ohne unmittelbare Beziehung auf Gott» (DBW 10, 330). Der Christ müsste sich dann nicht mehr fragen, was in dieser Situation aus der Perspektive Gottes das Gute ist, sondern könnte sich völlig unabhängig von Gott am Guten ausrichten. Gleichzeitig würde der Mensch aber nicht mehr frei und verantwortlich handeln, sondern zum Knecht seiner Prinzipien.

Lassen sich diese Überlegungen gut nachvollziehen, so finden sich in Bonhoeffers Ethikvortrag jedoch auch Aussagen, die für heutige Leser unerträglich sind. Zu der Frage, ob ein Christ in den Krieg ziehen soll oder nicht, schreibt Bonhoeffer, dass in der Not der Entscheidung ihm

> der Augenblick gewiß sagen [wird], wer von den beiden mein Nächster, auch vor Gottes Augen, ist und sein muß. Gott hat mich meiner Mutter, meinem Volke gegeben; was ich habe, danke ich diesem Volk; was ich bin, bin ich durch mein Volk, so soll auch was ich habe ihm wieder gehören, das ist so göttliche Ordnung, denn Gott schuf die Völker. ... die Liebe zu meinem Volk wird den Mord, wird den Krieg heiligen; ich werde als Christ an der ganzen Furchtbarkeit dessen, was ein Krieg ist leiden, werde die Verantwortung in ihrer ganzen Schwere, ihrem ganzen Ernst auf meine Seele laden, werde es versuchen, den Feind, dem ich verschworen bin auf Tod und Leben, zu lieben, wie nur ein Christ seinen Bruder lieben kann und werde doch das an ihm tun müssen, was mir die Liebe und die Dankbarkeit gegen mein Volk, in das mich Gott hineingeboren hat zu tun befiehlt. (DBW 10, 337 f.)

Bonhoeffer hat diesen Einstellungen nur wenig später, im Rahmen seines ökumenischen Engagements, auch selbst energisch widersprochen.

Insgesamt führten die neuen kirchlichen, gesellschaftlichen und politischen Erfahrungen in Barcelona dazu, dass Bonhoeffer, wie er an einen Freund schrieb,

> Arbeit und Leben tatsächlich zusammenfließen sieht, – eine Synthese, die wir wohl alle in der Studentenzeit suchten, aber doch kaum fanden; – wenn man wirklich *ein* Leben lebt, und nicht zwei oder besser: ein halbes; es gibt der Arbeit Würde und dem Arbeiter Sachlichkeit, Erkenntnis der Grenzen seiner selbst, wie sie eben nur am konkreten Leben gewonnen wird. (DBW 10, 90)

Dadurch sah sich Bonhoeffer genötigt, «sich ganz von vorn mit seiner Theologie auseinanderzusetzen» (DBW 17, 71). Tatsächlich kann man dies als einen Zug seiner Theologie insgesamt ausmachen: Neue politische oder gesellschaftliche, kirchliche, aber auch persönliche Situationen führten ihn dazu, seine bisherigen theologischen Positionen noch einmal zu überprüfen.

Als Assistent in Berlin

Nach seiner Rückkehr aus Spanien im Februar 1929 entschied sich Bonhoeffer dazu, das Zweite Theologische Examen vorzubereiten und zugleich an einer Habilitationsschrift zu arbeiten, um sich für die Bewerbung auf eine Professur zu qualifizieren. Weil Bonhoeffer die Stelle eines außerplanmäßigen Assistenten bei dem Neutestamentler und Systematiker Wilhelm Lütgert an der Berliner Universität bekam, wurde er vom Predigerseminar, das eigentlich verpflichtend war, freigestellt. Während der Zeit in Barcelona hatte er seine Dissertation für die Drucklegung gründlich überarbeitet, sich gleichzeitig aber auch schon Gedanken über ein neues wissenschaftliches Thema gemacht. In einem Brief an Reinhold Seeberg schrieb er im Juli 1928:

> Sodann bin ich in Gedanken schon bei einer anderen Sache, allerdings wieder nicht historisch, sondern systematisch. Es knüpft an die Frage nach dem Bewußtsein und dem Gewissen in der Theologie an ... es soll aber keine psychologische sondern eine theologische Untersuchung werden. (DBW 10, 85)

Tatsächlich ging es in der Arbeit, die Bonhoeffer im März 1930 bei der Berliner Theologischen Fakultät einreichte, um die Frage, wie die besondere Erkenntnisweise des Glaubens – im Unterschied zum philosophischen Erkennen – zu denken ist. Im September 1931 wurde sie unter dem Titel *Akt und Sein. Transzendentalphilosophie und Ontologie in der systematischen Theologie* gedruckt. Wie bereits bei der Dissertation war auch bei diesem Band die akademische Reaktion eher dürftig.

Bonhoeffer erörtert in der schwer zu lesenden Studie im Gespräch mit zeitgenössischen philosophischen und theologischen Entwürfen, wie die Offenbarung und wie der glaubende Mensch genau gedacht werden müssen. Ist die Offenbarung, das heißt die Selbstmitteilung und Zuwendung Gottes zum Menschen, etwas, das nur je und je geschieht und also dem Menschen immer schon wieder entzogen ist, weshalb auch sein Glaube nur im konkreten Vollzug existiert, nie aber wirklich wahrgenommen werden kann? Sind Offenbarung und glaubender Mensch also wie ein unsteter, von Fall zu Fall sich ereignender Akt zu denken? Oder handelt es sich bei der Zuwendung Gottes zum Menschen um etwas, was der Mensch vorfindet, was ihm an einem bestimmten Ort dauerhaft zur Verfügung steht und auf das er sich deshalb auch dauerhaft beziehen kann? Sind Offenbarung und glaubender Mensch also wie ein kontinuierliches Sein zu denken?

Bonhoeffer kommt zu dem Ergebnis, dass beide Ansichten falsch sind. Im ersten Fall wird übersehen, dass Gott sich in seiner Zuwendung zum Menschen in Jesus Christus gebunden und festgelegt hat. Im zweiten Fall wird diese Festlegung so verstanden, als habe sich Gott damit in die Verfügung des Menschen gegeben und stelle keine echte Herausforderung mehr für ihn dar. Während die erste Kritik sich vor allem gegen Karl Barth richtet, wendet sich die zweite primär gegen bestimmte Spielarten katholischer Theologie.

Bonhoeffer spricht sich selbst dafür aus, dass Offenbarung und Glauben weder rein als Akt noch rein als Sein verstanden werden dürfen. Die Offenbarung hat eine Struktur in der Schwebe zwischen Akt und Sein, nämlich in der Kirche als der Gemeinschaft derjenigen, die an Christus glauben. Hier begegnet Christus dem Menschen jeweils konkret, in der Predigt, in Sakrament und in den anderen Glaubenden, hat sich also an diesen Ort gebunden. Und gleichzeitig ist Christus in der Kirche nicht verfügbar, insofern diese Begegnungsformen mit einem Anspruch an den Menschen herantreten, der ihn in seinem Selbstverständnis herausfordert.

In seiner Antrittsvorlesung an der Berliner Universität vom 31. Juli 1930 mit dem Titel «Die Frage nach dem Menschen in der gegenwärtigen Philosophie und Theologie», mit der das Habilitationsverfahren seinen Abschluss fand, fasste Bonhoeffer zentrale Einsichten von *Akt und Sein* noch einmal zusammen.

Abb. 3: Im Innenhof des Union Theological Seminary. Ganz rechts Erwin Sutz, daneben Paul Lehmann.

Als Student in New York

Noch stärker als das Jahr in Barcelona prägte Dietrich Bonhoeffer seine Zeit in New York. Erneut durch den Superintendenten Max Diestel gefördert, bekam er nach Abschluss seines Zweiten Theologischen Examens im Juli 1930 ein Stipendium vom Deutschen Akademischen Austauschdienst, um ein Studienjahr am Union Theological Seminary zu verbringen. Am 5. September 1930 brach er mit dem Schiff in die Vereinigten Staaten auf. Nach einem kurzen Aufenthalt bei entfernteren Verwandten in Philadelphia traf er im Seminary ein, das zentral zwischen Upper West Side und Harlem in Manhattan liegt. Das Union Theological Seminary war damals die Hochburg liberaler amerikanischer Theologie.

Bonhoeffers erste Eindrücke waren ernüchternd. An Max Diestel schrieb er:

> Zunächst, das Leben im Seminar ist sehr anregend und lehrreich, soweit der persönliche Verkehr in Betracht kommt, der auch mit den Professoren sehr freundschaftlich ist. ... Man muß sich fast hüten, daß das viele gegenseitige Sichbesuchen und schwatzen nicht zuviel von der Zeit nimmt. Denn – sachlich kommt so gut wie nie etwas aus diesen Gesprächen heraus. Und damit komme ich auf den tristen Punkt der Sache. Eine Theologie gibt es hier nicht. Ich habe im wesentlichen dogmatische und religionsphilosophische Seminare und Kollegs, aber der Eindruck bleibt vernichtend. Es wird das Blaue vom Himmel heruntergeschwatzt ohne die geringste sachliche Begründung und ohne daß irgendwelche Kriterien sichtbar werden. ... Es geht mir oft innerlich durch und durch, wenn man hier im Kolleg Christus erledigt und unverfroren lacht, wenn ein Zitat von Luther über Sündenbewußtsein gegeben wird. ... Trotz allem empfinde ich es dankbar, noch einmal ganz in diese Grundfragen hineingeführt worden zu sein. Tatsächlich weiß man hier wieder, was wichtige Fragen sind und was man unserer Theologie zu verdanken hat. (DBW 10, 220 f.)

Auch in Bezug auf die kirchliche Landschaft in den USA war Bonhoeffer anfangs enttäuscht. Predigten seien eher Kommentare zu aktuellen Zeitereignissen als wirkliche Verkündigung:

> Man kann in New York fast über alles predigen hören, nur über eines nicht oder doch so selten, daß es mir jedenfalls nicht gelungen ist, es zu hören, nämlich über das Evangelium Jesu Christi, vom Kreuz, von Sünde und Vergebung, von Tod und Leben. ... Was aber steht an der Stelle der christlichen Botschaft? Ein fortschrittsgläubiger ethischer und sozialer Idealismus der, man weiß nicht ganz woher, sich das Recht nimmt, sich «christlich» zu nennen. ... es gibt wesentlich «wohltätige» Kirchen und solche, die wesentlich im Gesellschaftlichen aufgehen, aber man kann sich des Eindrucks nicht erwehren, daß man hier wie dort vergessen hat, worum es sich eigentlich handelt. (DBW 10, 272 f.)

Bonhoeffer wurde in New York in besonderer Weise damit konfrontiert, ein Deutscher zu sein. Man lud ihn zu einigen politischen Vorträgen ein, um zu erfahren, wie Deutschland über einen neuerlichen Krieg dachte. In seinen Vorträgen zur Situation Deutschlands beruhigte er seine Zuhörer und beschrieb beklemmend, wie durch den Weltkrieg der Tod in fast jede deutsche Familie Einzug gehalten hat. Obwohl er die These von der Alleinschuld Deutschlands ablehnte, beschrieb er diesen Krieg als Ausdruck des Zornes Gottes über die Schuld des deutschen Volkes, denn man habe sich vor dem Krieg von Gott entfernt, habe zu sehr an die eigene Kraft und Gerechtigkeit geglaubt. In diesen Vorträgen begegnen auch erste friedensethische Argumentationen Bonhoeffers: Es dürfe nie wieder passieren, dass christliche Völker gegeneinander kämpfen, denn sie hätten denselben Vater. Jenseits nationaler Interessen lebten die Christen in einer weltweiten Einheit.

Theologische Vorträge zu dieser Zeit zeigen einen Bonhoeffer, der sich viel stärker noch als in seiner Habilitationsschrift mit Karl Barths Theologie identifizierte. Kritik, die er in *Akt und Sein* an diesem geäußerte hatte, trat jetzt, angesichts von Ablehnung oder Unkenntnis Barth'scher Theologie am Union, ganz in den Hintergrund.

Das gemeinsame Wohnen im Seminary schien Bonhoeffer zu gefallen. Er beobachtete, dass man dadurch einen starken Geist hilfsbereiter Kameradschaft entwickelte, kritisierte aber, dass man um der Gemeinschaft willen im Konfliktfall lieber die Wahrheit hintanstellte – eine Kritik, die auch im Kirchenkampf wiederkehren wird. Schnell befreundete er sich mit einigen Mitstudenten so eng, dass die Eindrücke aus diesen Freundschaften auch sein theologisches Denken veränderten.

Einer der Freunde aus dem Seminary war Frank Fisher, ein afroamerikanischer Student, mit dem Bonhoeffer in den Winterferien dessen Familie in Washington besuchte. Dabei lernte er eine Reihe schwarzer Führungspersönlichkeiten kennen. An seine Eltern schrieb er von dieser Reise:

> Ich wohnte in Washington ganz unter den Negern und habe durch den Studenten all die führenden Leute der Negerbewegung kennen gelernt, war in ihren Häusern und habe außerordentlich interessante Unterhaltungen gehabt. ... Die Zustände sind schon ziemlich unglaublich. Nicht nur getrennte Eisenbahn, Tramway, Bus südlich von Washington, sondern, als ich z. B. mit einem Neger in ein kleines

Restaurant zum Essen gehen wollte, wurde mir die Bedienung verweigert. (DBW 10, 213)

Durch seinen Freund mit den schwierigen Lebensverhältnissen der afroamerikanischen Bevölkerung bekannt gemacht, stand Bonhoeffer zum ersten Mal das Übel rassistischer Ideologien vor Augen:

> Die Art, mit der die Südländer [die Südstaatler] über die Neger reden, ist einfach widerwärtig und die Pastoren sind da in nichts besser als die anderen. ... Es ist schon unheimlich, daß in einem Land mit so maßlos viel Phrasen über Brüderlichkeit, Frieden etc. solche Dinge völlig unkorrigiert dastehen. (DBW 10, 224 f.)

Gleichzeitig erlebte er bei den Afroamerikanern eine «religiöse Kraft und Ursprünglichkeit» (DBW 10, 221), die ihn begeisterte. Er las mit Faszination Romane von jungen schwarzen Autoren. Und er arbeitete in der Abyssinian Baptist Church in Harlem mit. Zusammen mit Frank Fisher, manchmal auch allein, unterrichtete er in der Sonntagsschule der Gemeinde und hielt Bibelstunden für Frauen. Mehrfach wurde er zu Gemeindegliedern nach Hause eingeladen.

In seinem Abschlussbericht über die Zeit in den USA stellte er fest, er habe in den schwarzen Kirchen das Evangelium predigen hören. Die persönlichen Begegnungen mit den Afroamerikanern seien eines der «entscheidendsten und erfreulichsten Ereignisse» (DBW 10, 274) während seiner Zeit jenseits des Atlantiks gewesen.

Ein anderer für ihn wichtiger Studienfreund wurde der französische reformierte Pfarrer Jean Lasserre, der ebenfalls für ein Jahr am Union war. Einschneidend war für beide der gemeinsame Besuch des gerade in die Kinos gekommenen Films *Im Westen nichts Neues*. Beide waren höchst befremdet, als die anderen Zuschauer applaudierten, wenn ein französischer Soldat von einem deutschen getötet wurde, und spürten, dass sie trotz ihrer unterschiedlichen Herkünfte über den christlichen Glauben miteinander verbunden waren. Lasserre diagnostizierte rückblickend, damals sei in ihnen beiden ein Pazifismus begründet worden. Vermutlich hatte Bonhoeffers Neuorientierung an der Bergpredigt nach seiner Rückkehr aus den USA auch in dieser Erfahrung ihre Wurzeln. Aber während Lasserre sich für einen prinzipiellen Pazifismus entschied und die Bergpredigt in diese Richtung auslegte, begründete Bonhoeffer seine Friedensorientierung mit der konkreten Nachfolge Christi. Nach dem Studienjahr blieben beide über die ökumenische Arbeit miteinander verbunden. Doch zunächst reisten sie 1931 gemeinsam nach Mexiko, um dortige theologische Seminare und deutsche Gemeinden zu besuchen.

Paul Lehmann, ein amerikanischer Doktorand, war einer der wenigen am New Yorker Seminar, die sich für Karl Barths Theologie interessierten, so dass Bonhoeffer sich mit ihm theologisch anders als mit anderen auseinandersetzen konnte. 1932 kam Lehmann für ein Studienjahr bei Emil Brunner und Karl Barth nach Zürich und Bonn. Vor seiner Abreise im Frühjahr 1933 trafen sich die beiden erneut in Berlin. 1939 war er es, der Bonhoeffers zweite Reise in die USA organisierte. Viele von Bonhoeffers theologischen Einsichten hat Lehmann später in seine eigenen Veröffentlichungen eingearbeitet.

Schließlich wurde der Schweizer Erwin Sutz für Bonhoeffer zum Freund. Mit ihm reiste er in den Weihnachtsferien 1930 nach Kuba, wo sie sich bei einer Schwester von Bonhoeffers Erzieherin Maria Horn, die an der deutschen Schule in Havanna arbeitete, einquartierten und wo Bonhoeffer zwei Predigten in der deutschen Gemeinde hielt.

Skeptisch blieb Bonhoeffer auch am Ende seines Studienaufenthaltes gegenüber der damaligen amerikanischen Theologie. Im April 1931 berichtete er an seine Großmutter von einer Tagung der führenden systematischen Theologen. Die Diskussionen seien derart unbefriedigend gewesen, «wirklich fast wie Diskussionen von Studenten in den ersten Semestern, daß ich noch ganz niedergeschlagen bin» (DBW 10, 252).

Dennoch erhielt Bonhoeffer nicht nur von den persönlichen Freunden, sondern auch von der amerikanischen akademischen Debatte Impulse, die er in seiner eigenen Theologie in Deutschland später fruchtbar machte. Wichtig wurden dafür persönliche Studien bei Professor Eugene William Lyman zur zeitgenössischen amerikanischen Philosophie insbesondere des Pragmatismus (William James, John Dewey, Bertrand Russell u. a.). Bonhoeffer sah den Pragmatismus kritisch, insofern die Wahrheit an der Nützlichkeit orientiert werde, gleichzeitig faszinierte ihn der dort zu findende Gottesgedanke: Gott ist nicht nur «geltende», sondern «wirkende» Wahrheit: «er ist im Prozeß des menschlichen Lebens tätig oder er ‹ist› garnicht» (DBW 10, 269). Auch wenn Bonhoeffer die Gefahr witterte, dass Gott damit vom Menschen abhängig werde, nahm er später, ohne dieser Gefahr zu erliegen, in seiner *Ethik* jenen Impuls der die Wirklichkeit verändernden Wahrheit auf.

Außerdem wurde Bonhoeffer durch Veranstaltungen bei Reinhold Niebuhr und Harry Ward mit der Richtung des «social gospel» bekannt, welche die christliche Botschaft auf die aktuellen sozialen Probleme bezieht. Bonhoeffer beklagte zwar auch bei dieser Richtung das Desinteresse an theologischem Denken und an der Bibel. Gleichwohl beeindruckte ihn nachhaltig, wie ernst hier soziale, ökonomische und politische Schwierigkeiten genommen wurden. Etliche der Grundgedanken, die ihm dort begegneten, wie die Orientierung an Dekalog und Bergpredigt sowie am Reich Gottes, wurden für sein eigenes Denken von Bedeutung. In seinem Abschlussbericht hielt er fest, der Eindruck, den er von den Vertretern des «social gospel» empfangen habe, werde für ihn «auf lange Zeit hinaus bestimmend sein» (DBW 10, 279). Ein gutes Jahr nach seiner Abreise aus den USA würdigte er diese Strömung nachdrücklich:

> Der unerbittliche Ernst, mit dem hier die praktische soziale Notlage gezeigt und die Christenheit in ihren Dienst gerufen wird, ist der entscheidende Beitrag des amerikanischen Christentums zum Verständnis der christlichen Botschaft in der ganzen Welt. Die persönliche und sachliche Leidenschaft der vom social gospel Erfaßten stellt jeden, der damit in Berührung kommt, vor die Entscheidung. (DBW 12, 210)

4. Premieren, 1931–1932

Bonhoeffers Begegnung mit Karl Barth

Bevor seine neue Tätigkeit als Studentenpfarrer an der Technischen Hochschule in Berlin begann, reiste Bonhoeffer für drei Wochen nach Bonn, um endlich Karl Barth persönlich kennenzulernen. Barth hatte dort seit 1930 eine Professur für Systematische Theologie inne. Bonhoeffer besuchte Seminar und Oberseminar und wurde von Barth zu sich nach Hause eingeladen. Seinem Freund aus New Yorker Tagen Erwin Sutz schilderte er begeistert Barths Art, Theologie zu treiben:

> Ich habe, glaube ich, selten eine unterlassene Sache in meiner theologischen Vergangenheit so bereut, wie daß ich nicht früher hingegangen bin. ... es ist ... in schönster Weise überraschend zu sehen, wie Barth noch jenseits seiner Bücher steht. Es ist da eine Offenheit, Bereitschaft für den Einwand, der auch auf die Sache zielen soll und dabei eine derartige Konzentration und ein ungestümes Drängen auf die Sache ... Es wird mir immer verständlicher, warum Barth literarisch so ungeheuer schwer faßbar ist. Mehr noch als von seinem Schreiben und Vortragen bin ich von seiner Diskussion beeindruckt. Da ist er wirklich ganz da. Ich habe so etwas vorher nie gesehen noch für möglich gehalten. ... Da ist wirklich einer, von dem man was holen könnte, und da sitzt man in dem ärmlichen Berlin und bläst Trübsal, weil da niemand ist, bei dem man Theologie lernen kann. (DBW 11, 19 ff.)

Aus dieser ersten persönlichen Begegnung entwickelte sich fast so etwas wie eine Freundschaft zwischen dem Älteren und dem Jüngeren. Beide verfolgten aufmerksam die Veröffentlichungen des anderen, und noch im Gefängnis ließ sich Bonhoeffer die Druckfahnen des Bandes II/2 von Barths Hauptwerk, der *Kirchlichen Dogmatik*, zuschicken. Unregelmäßig, aber an zentralen kirchenpolitischen und biographischen Punkten fragte Bonhoeffer fortan Barth um Rat. Immer wieder suchte er auch das persönliche Gespräch, insbesondere später im politischen Widerstand. Andächtige Freude löste in ihm aus, dass Barth eine Zigarre ins Tegeler Gefängnis schicken ließ.

Erstes ökumenisches Engagement

Auf Betreiben seines Förderers Max Diestel nahm Bonhoeffer im September 1931 als Jugenddelegierter an der Tagung des «Weltbundes für internationale Freundschaftsarbeit der Kirchen» in Cambridge und der vorbereitenden Jugendkonferenz Ende August teil. Der Weltbund war einer der wichtigsten ökumenischen Verbünde der damaligen Zeit; seine Orientierung an sozialen und praktischen Fragen fand Resonanz bei vielen Christen und in Ortsgemeinden. Auf der Tagung wählte man Bonhoeffer zu einem der drei Internationalen Jugendsekretäre des Weltbundes, so dass er fortan seinem leitenden Rat angehörte. Die Situation des Weltbundes war allerdings nicht einfach. Die Wirtschaftskrise brachte ihn in finanzielle Nöte. Der erstarkende Nationalismus in Deutschland und in Frankreich führte insbesondere unter jüngeren Menschen zu einer Verachtung der ökumenischen Arbeit, die damals auf eine internationale innerprotestantische Ökumene zielte. Manche Zeitgenossen sahen in solchem ökumenischen Engagement einen Verrat an den politischen Konstellationen der damaligen Zeit. So ließen beispielsweise die beiden Lutherforscher Paul Althaus und Emanuel Hirsch im Vorfeld einer Hamburger Vorbereitungskonferenz für Cambridge verlauten, es sei angesichts gegenwärtiger ökumenischer Bemühungen wichtig,

> durch allen künstlichen Schein der Gemeinschaft hindurchzustoßen und rückhaltlos zu bekennen, daß eine christliche und kirchliche Verständigung und Zusammenarbeit in den Fragen der Annäherung der Völker unmöglich ist, solange die Anderen eine für unser Volk mörderische Politik gegen uns treiben. (Die Christliche Welt 45, 1931, 606)

Bonhoeffers Auffassung war spätestens seit seinem Amerikaaufenthalt und der Erfahrung des Verbundenseins im christlichen

Glauben über Nationengrenzen hinweg eine andere. Er war der Ansicht, dass

> die Kirche allein der Boden sein kann, auf dem das sonst so fragwürdige internationale Gespräch offen und sachlich geführt werden kann. Es ist ... etwas ganz Überwältigendes ..., den Anderen in seiner Andersartigkeit zu hören, zu sehen und einfach einmal so zu lassen, wie er ist, und von hier aus dann erst sich selbst wieder zu entdecken. (DBW 11, 362)

Neben seiner Arbeit in der Berliner «Mittelstelle», die deutsche ökumenische Jugendarbeit koordinierte, besuchte Bonhoeffer fortan als Jugendsekretär des Weltbundes zahlreiche ökumenische Treffen. Berühmt geworden ist Bonhoeffers Vortrag vom Juli 1932 auf der internationalen Jugend-Friedenskonferenz des Weltbundes im tschechoslowakischen Ciernohorské Kúpele. Bonhoeffers Rede war von dem Eindruck bestimmt, dass man sich in der Ökumene zu leichtfertig auf Gefühle der Freundschaft verlasse und der ökumenischen Bewegung die theologische Grundlage fehle. Bonhoeffer versuchte, eine solche Grundlage zu liefern, indem er herausarbeitete, dass die ökumenische Bewegung eine besondere Gestalt der Kirche ist. Nur die weltweite ökumenische Bewegung bringe zum Ausdruck, dass die Verkündigung der Kirche sich an die ganze Welt richte; nationale Kirchentümer könnten diese Weite nicht veranschaulichen.

Wie war in Bonhoeffers Augen diese weltweite Verkündigung der Kirche zu denken? Wie sollten kirchliche Äußerungen zu aktuellen politischen, sozialen und ethischen Fragen beschaffen sein? Wie sollte sich die Kirche insbesondere zur Friedensfrage äußern?

Für Bonhoeffer war es nicht die Aufgabe der Kirche, allgemeine Lebensregeln oder prinzipielle ethische Normen geltend zu machen. Die Kirche muss vielmehr in Bezug auf die gegenwärtige Situation ein konkretes ethisches Gebot formulieren. Sie hat die Pflicht, gründliche Sachkompetenz zu erwerben, bevor sie sich zu einem Thema äußert. Hinter Bonhoeffers Forderung nach Konkretion steht die Vorstellung, dass der Mensch durch Gott stets zu einem ganz bestimmten, konkreten Tun aufgerufen ist und dass es die Aufgabe der kirchlichen Verkündigung ist, dies deutlich zu machen. Es gilt eben:

> Die Kirche darf ... keine Prinzipien verkündigen, die immer wahr sind, sondern nur Gebote, die heute wahr sind. Denn, was «immer» wahr ist, ist gerade «heute» nicht wahr: Gott ist uns «immer» gerade *«heute» Gott.* ... das Gebot: Du sollst den Nächsten lieben, ist als solches so allgemein, daß es der stärksten Konkretion bedarf, um daraus zu hören, was das heute und hier für mich bedeutet. Und nur als solches konkretes Wort zu mir, ist es Gottes Wort. (DBW 11, 332 f.)

Und nur wenn die Kirche derart konkret sprechen kann, soll sie sich zu politischen Fragen äußern:

> Die Kirche muß im Entscheidungsfall eines Krieges etwa nicht nur sagen können: es sollte eigentlich kein Krieg sein; aber es gibt auch notwendige Kriege, und nun jedem Einzelnen die Anwendung dieses Prinzips überlassen, sondern sie sollte konkret sagen können: geh in diesen Krieg oder geh nicht in diesen Krieg. (DBW 11, 333)

Bonhoeffer war der Ansicht, in der gegenwärtigen Lage müsse sich die in der Ökumene zusammengefasste Kirche konkret äußern, denn sie habe ein ganz bestimmtes Gebot Gottes für diese Situation erkannt, den internationalen Frieden. Zwar gehe es nicht um Frieden um jeden Preis; wenn ein Frieden Wahrheit und Recht gefährde, müsse man für einen besseren Frieden kämpfen. Aber mit einem solchen Kampf könne in der gegenwärtigen Situation nicht mehr Krieg gemeint sein. Denn – so urteilte Bonhoeffer nach den Erfahrungen eines Weltkrieges – Krieg ist heute «die sichere Selbstvernichtung beider Kämpfenden ... darum muß der heutige Krieg, also der nächste Krieg, der *Ächtung* durch die Kirche verfallen» (DBW 11, 341).

Bonhoeffer betonte ausdrücklich, damit wolle er nicht behaupten, das fünfte Gebot («Du sollst nicht töten») sei letztlich höher zu bewerten als alle anderen. Eine solche generelle Ablehnung von Gewalt hielt er für «schwärmerisch» (DBW 11, 339). Doch müsse ein nächster Krieg durch die Kirche geächtet werden, weil angesichts der damaligen militärischen Vernichtungskonstellationen das Gebot Gottes laute, dass Krieg nicht mehr sein soll.

Erstes Pfarramt

Am 15. November 1931 wurde Bonhoeffer in der Berliner Matthäuskirche ordiniert. Im Hilfsdienst als Stadtvikar in Berlin wurde ihm das neu errichtete Studentenpfarramt an der Technischen Hochschule in Charlottenburg übertragen. Er sollte sich vor allem um die Seelsorge kümmern, organisierte aber auch Andachten und Vorträge. Die Resonanz blieb dürftig.

Zu seinem Auftrag gehörte auch der Konfirmandenunterricht in der Zionsgemeinde in Berlin-Mitte. Die Arbeit war zunächst nicht einfach, weil die Gruppe aus fünfzig Jungen undiszipliniert war:

> Das ist so ungefähr die tollste Gegend von Berlin; mit den schwierigsten sozialen und politischen Verhältnissen. Anfangs benahmen sich die Jungen wie verrückt, sodaß ich zum ersten Mal wirkliche Disziplinschwierigkeiten hatte. Aber auch hier half eines, nämlich daß ich den Jungen ganz einfach biblischen Stoff erzählte in aller Massivität … Nun ist absolute Ruhe … (DBW 11, 50)

Bonhoeffer unternahm mit den Jungen Ausflüge und zog sogar in die Nähe der Gemeinde, damit sie ihn abends zum Lernen oder Spielen besuchen konnten. Er besuchte auch deren Elternhäuser und war erschüttert über die Armut, die er dort vorfand. Bei den Besuchen in ein seelsorgerliches Gespräch mit den Eltern zu kommen, fiel ihm jedoch äußerst schwer.

Bonhoeffer bezog die Konfirmanden in die Vorbereitung des Konfirmationsgottesdienstes ein. Zum Abschluss der Zeit fuhr er mit einem Teil von ihnen in das Wochenendhaus der Familie in Friedrichsbrunn. Den Eltern schrieb er ganz erfüllt:

> Ich bin sehr froh, daß ich mit den Konfirmanden hier oben sein kann; wenn auch noch nicht besonders viel Verständnis für Wald und Natur vorhanden ist, so begeistern sie sich doch an Kletterpartien im Bodetal und am Fußball auf der Wiese. … Ich glaube auch, daß Ihr dem Haus später diese Bewohner nicht mehr ansehen werdet. Bis auf eine zerschlagene Fensterscheibe steht alles. (DBW 11, 77)

Im Herbst 1932 eröffnete Bonhoeffer, angeregt durch seinen Einblick in Sozialeinrichtungen in New York und finanziell un-

Abb. 4: Dietrich Bonhoeffer mit seinen Konfirmanden in Friedrichsbrunn, Frühjahr 1932.

terstützt durch eine Freundin seiner Schwester Susanne, eine Jugendstube für Erwerbslose in Charlottenburg. Mit Hitlers Machtübernahme im Januar 1933 fand die Arbeit allerdings ein baldiges Ende, weil die jüdische Geldgeberin umgehend das Land verließ und die kommunistischen Gäste der Jugendstube vor Anfeindungen nicht mehr sicher waren.

Erste Vorlesungen

Neben seiner pfarramtlichen Tätigkeit bekam Bonhoeffer ab August 1931 noch einmal eine Assistentenstelle an seiner Berliner Alma Mater. Gleichzeitig lehrte er dort als Privatdozent. Im Wintersemester 1931/32 hielt er an der Friedrich-Wilhelms-Universität neben einem Seminar über das Verhältnis der Theologie zur Philosophie eine Vorlesung über die Geschichte der Systematischen Theologie des 20. Jahrhunderts, bei der sich erneut seine kritische Nähe zur Theologie Karl Barths zeigte. Im

Erste Vorlesungen

Sommersemester 1932 las er über «Das Wesen der Kirche» und bot ein Seminar über die Frage an, ob es eine christliche Ethik gibt. Die Vorlesung über die Kirche griff etliche Gedanken aus Dissertation und Habilitation wieder auf, das Seminar beschäftigte sich mit der für ihn im ökumenischen Kontext bereits wichtig gewordenen Frage nach der Möglichkeit, das Gebot Gottes in einer konkreten Situation zu hören. Im Winter 1932/33 beschäftigte er sich in der Vorlesung mit systematisch-theologischen Neuerscheinungen und in einer Übung mit Theologischer Psychologie, wobei er erneut Einsichten seiner Habilitationsschrift aufnahm.

Einem größeren Publikum bekannt wurde eine ebenfalls im Winter 1932/33 gehaltene Vorlesung über «Schöpfung und Sünde», die 1933 unter dem Titel *Schöpfung und Fall* erschienen ist. Bonhoeffer bietet darin eine eigentümliche Interpretation von Genesis 1–3, den ersten drei Kapiteln der Bibel, in denen von der Erschaffung der Welt durch Gott, dem Sündenfall und der Vertreibung aus dem Paradies die Rede ist. Er will zwar den biblischen Text philologisch und historisch analysieren, aber über diesen damals üblichen Methodenkanon hinausgehen: Wer theologisch mit ihr umgeht, muss die Bibel als «Buch der Kirche» (DBW 3, 22) interpretieren. Das bedeutet: Er muss sie aus der Perspektive des christlichen Glaubens lesen. Bonhoeffer erzählte in seiner Vorlesung deshalb die alttestamentlichen Texte, die ursprünglich ganz aus der Perspektive jüdischen Glaubens geschrieben sind, aus der Sicht der christlichen Gottesvorstellung nach. Besonders deutlich wird dies bei seiner Nachzeichnung der Erschaffung des Menschen.

> Daß Gott im Menschen sein Bild auf Erden schafft, heißt, daß der Mensch dem Schöpfer darin ähnlich ist, daß er frei ist. ... Denn Freiheit ist in der Sprache der Bibel nicht etwas, das der Mensch für sich hat, sondern etwas, das er für den anderen hat. ... Freisein heißt «frei-sein-für-den-anderen» ... Fragen wir, woher wir dies wissen ..., so antworten wir: Das ist die Botschaft des Evangeliums [von Jesus Christus] selbst, daß Gottes Freiheit sich an uns gebunden hat, daß seine freie Gnade allein an uns wirklich wird, daß Gott nicht für sich frei sein will, sondern für den Menschen. (DBW 3, 58 f.)

Genau in dieser Bezogenheit auf den Anderen in Freiheit besteht nach Bonhoeffer die Ähnlichkeit zwischen Gott und Mensch. Doch während Gott auf einen Anderen nicht angewiesen ist, sondern sich nur deshalb auf den Menschen bezieht, weil er dies will, ist der Mensch auf den Anderen verwiesen; er braucht Gott und den anderen Menschen, um Mensch zu sein.

Eindrucksvoll ist Bonhoeffers szenische Wiedergabe des Sündenfalls. Schon indem der Mensch der Frage der Schlange: «Sollte Gott gesagt haben ...?» zuhört, verlässt er die angemessene Haltung des Geschöpfes gegenüber Gott. Hier beginnt der Mensch, «Richter über Gottes Wort zu sein, anstatt es einfach zu hören und zu tun» (DBW 3, 100). Die Schlange fährt fort: Ja, Gott hat gesagt, der Mensch soll nicht vom Baum der Erkenntnis von Gut und Böse essen; denn sonst wird es dem Menschen möglich, selbst darüber zu urteilen, was gut und was böse ist. Aber: «Aus Neid hat er es gesagt ... Gott ist kein guter, sondern ein böser, quälender Gott, sei klug, sei klüger als Gott und nimm, was er dir nicht gönnt ...» (DBW 3, 103) Als der Mensch in der Folge von der verbotenen Frucht isst, überschreitet er die ihm von Gott gesetzte Grenze. Von nun an erlebt er alle seine Grenzen, auch die, die ihm durch einen anderen Menschen gesetzt sind, als ungerechtfertigte Einschränkungen und bekämpft sie. Das Gewissen, in der Moderne als Instanz der Selbstbestimmung gepriesen, erklärt Bonhoeffer als Resultat des Sündenfalls: In ihm ist der Mensch sein eigener Richter, statt sich dem Urteil Gottes auszusetzen. Hinter diesen Fall kann der Mensch nicht mehr zurück. Er lebt nun in einer von der Sünde gezeichneten Welt.

An der Berliner Fakultät fühlte Bonhoeffer sich nicht besonders wohl. «Meine theologische Abkunft wird hier allmählich suspekt und man hat wohl etwas das Gefühl, daß man sich eine Schlange am Busen großgezogen habe.» (DBW 11, 50) Aber unter den Studierenden hatte Bonhoeffer bald einen stabilen Hörerstamm. Aus ihm entwickelte sich ein fester Kreis, der sich mit Bonhoeffer zu Diskussionsabenden und gemeinsamen Ausflügen, auch an Wochenenden, traf. Etliche der späteren Helfer im Predigerseminar und der Weggenossen im Kirchenkampf

«*Ich kam zum ersten Mal zur Bibel*» 43

Abb. 5: Freizeit mit Berliner Studenten in Prebelow. Untere Reihe, 2. von links: Albrecht Schönherr, obere Reihe Mitte: Winfried Maechler.

stammten aus dieser Runde: unter anderem Otto Dudzus, Herbert Jehle, Joachim Kanitz, Winfried Maechler, Albrecht Schönherr, Jürgen Winterhager und Wolf-Dieter Zimmermann.

«Ich kam zum ersten Mal zur Bibel»

Bonhoeffer hat in einem Brief vom Januar 1936 seiner Freundin Elisabeth Zinn von einer existentiellen Änderung berichtet, die sich bei ihm vor 1933 vollzogen habe; genauer Zeitpunkt und Auslöser sind umstritten. Durch eine Hinwendung zur Bibel sei er überhaupt erst wirklich Christ geworden und habe erst verstanden, was es bedeute, Pfarrer zu sein:

> Ich stürzte mich in die Arbeit in sehr unchristlicher und undemütiger Weise. Ein wahnsinniger Ehrgeiz, den manche an mir gemerkt haben, machte mir das Leben schwer und entzog mir die Liebe und das Vertrauen meiner Mitmenschen. Damals war ich furchtbar allein und mir selbst überlassen. Das war sehr schlimm. Dann kam etwas ande-

res, etwas, was mein Leben bis heute verändert hat und herumgeworfen hat. Ich kam zum ersten Mal zur Bibel. Das ist auch wieder schlimm zu sagen. Ich hatte schon oft gepredigt, ich hatte schon viel von der Kirche gesehen, darüber geredet und geschrieben – und ich war noch kein Christ geworden, sondern ganz wild und ungebändigt mein eigener Herr. Ich weiß, ich habe damals aus der Sache Jesu Christi einen Vorteil für mich selbst, für eine wahnsinnige Eitelkeit gemacht. Ich bitte Gott, daß das nie wieder so kommt. Ich hatte auch nie, oder doch sehr wenig gebetet. Ich war bei aller Verlassenheit ganz froh an mir selbst. Daraus hat mich die Bibel befreit und insbesondere die Bergpredigt. Seitdem ist alles anders geworden. Das habe ich deutlich gespürt und sogar andere Menschen um mich herum. Das war eine große Befreiung. Da wurde es mir klar, daß das Leben eines Dieners Jesu Christi der Kirche gehören muß und Schritt für Schritt wurde es deutlicher, wie weit das so sein muß. Dann kam die Not von 1933. Das hat mich darin bestärkt. Ich fand nun auch Menschen, die dieses Ziel mit mir ins Auge faßten. Es lag nun alles an der Erneuerung der Kirche und des Pfarrerstandes ... Der christliche Pazifismus, den ich noch kurz vorher ... leidenschaftlich bekämpft hatte, ging mir auf einmal als Selbstverständlichkeit auf. Und so ging es weiter, Schritt für Schritt. Ich sah und dachte gar nichts anderes mehr. (DBW 14, 112 f.)

Daher wurden für Bonhoeffer in den dreißiger Jahren das Nachdenken über die Bibel und die Orientierung an ihr immer wichtiger. Auf einer ökumenischen Tagung im schweizerischen Gland 1932 mahnte er seine Zuhörer kritisch:

Ist es nicht in allem, was wir hier miteinander geredet haben, immer wieder erschreckend deutlich geworden, daß wir der Bibel nicht mehr gehorsam sind? Wir haben unsere eigenen Gedanken lieber als die Gedanken der Bibel. Wir lesen die Bibel nicht mehr ernst, wir lesen sie nicht mehr gegen uns, sondern nur noch für uns. (DBW 11, 353)

Diese Einschätzung, dass man mit den biblischen Texten falsch umgehe, sie nur zur Bestätigung des eigenen Verhaltens benutze, anstatt sich durch sie in Frage stellen zu lassen, äußerte Bonhoeffer in den folgenden Jahren immer wieder. Auch er selbst will sich durch die Bibel herausfordern lassen. Bewegend ist eine biographische Notiz in einem Brief an Rüdiger Schleicher im April 1936:

Die Bibel kann man nicht einfach *lesen* wie andere Bücher. Man muß bereit sein, sie wirklich zu fragen … Das liegt eben daran, daß in der Bibel Gott zu uns redet. Und über Gott kann man eben nicht so einfach von sich aus nachdenken, sondern man muß ihn fragen. … Jeder andere Ort außer der Bibel ist mir zu ungewiß geworden. Ich fürchte dort nur auf einen göttlichen Doppelgänger von mir selbst zu stoßen. (DBW 14, 145. 147)

5. Der beginnende Kirchenkampf, 1933

Hitlers Machtübernahme

Seit den zwanziger Jahren und erst recht seit der Weltwirtschaftskrise 1929 und der damit verbundenen hohen Arbeitslosigkeit griff in Deutschland nationalistisches und nationalsozialistisches Denken immer weiter um sich. Dazu trugen auch die von weiten Teilen der Bevölkerung als ungerecht empfundenen Ausgleichszahlungen aufgrund des Versailler Vertrages bei. In einer nationalen Konsolidierung sah man das Potential für eine neue deutsche Zukunft. Die Regierungskrisen der Weimarer Republik nährten überdies die Skepsis an der Demokratie. Bei der Reichstagswahl 1930 erhielt die NSDAP 18,3 Prozent der Stimmen, bei den Wahlen im Juli und November 1932 erreichte sie sogar 37,4 und 33,1 Prozent und war damit stärkste Kraft im Parlament. Am 30. Januar 1933 wurde Adolf Hitler vom Reichspräsidenten Paul von Hindenburg zum Reichskanzler ernannt.

Die Familie Bonhoeffer hat gesehen, welche Gefahren in der Person Adolf Hitlers lauerten. Dietrich Bonhoeffers Vater Karl berichtete rückblickend in seinen Lebenserinnerungen:

> Den Sieg des Nationalsozialismus im Jahre 1933 und die Ernennung Hitlers zum Reichskanzler betrachteten wir von vornherein und zwar einheitlich alle Glieder der Familie, als ein Unglück. Die Abneigung und das Mißtrauen gegen Hitler gründete sich bei mir auf seine demagogischen Propagandareden, sein Sympathietelegramm in der Potempaschen Mordangelegenheit [eine SA-Gruppe hatte im oberschlesischen Dorf Potempa einen Gewerkschafter vor den Augen seiner Mutter totgeprügelt], seine Autofahrten durchs Land mit der Reitpeitsche in der Hand, die Auswahl seiner Mitarbeiter, ... schließlich auf das, was an psychopathischen Eigenschaften von ihm im Kreise der Fachkollegen kursierte. (Zitiert nach Bethge, 305 f.)

Dietrich Bonhoeffer analysierte in einem seit längerem geplanten Rundfunkvortrag mit dem Thema «Der Führer und der Einzelne in der jungen Generation», der nur zwei Tage nach der Machtübernahme gesendet, wegen Überlänge aber vorzeitig abgeschaltet wurde, mit scharfem Blick, aber ohne Namensnennung das verführerische Potential Hitlers:

> Der Mensch und insbesondere der Jugendliche wird so lange das Bedürfnis haben, einem Führer Autorität über sich zu geben, als er sich selbst nicht reif, stark, verantwortlich genug fühlt, den in diese Autorität verlegten Anspruch selbst zu verwirklichen. Der Führer wird sich dieser klaren Begrenzung seiner Autorität verantwortlich bewußt sein müssen. ... läßt er sich von dem Geführten dazu hinreißen, dessen Idol darstellen zu wollen – und der Geführte wird das immer von ihm erhoffen – dann gleitet das Bild des Führers über in das des Verführers. (DBW 12, 257)

Die Lage der Kirche

Hitler versuchte, durch geschickte Verwendung christlich-religiöser Motive die Kirchen zu gewinnen und auch sonst den Eindruck zu erwecken, letztlich verfolge man die gleichen Anliegen und die Kirchen würden im neuen System Einfluss besitzen. Viele Kirchenvertreter erlagen diesen verlockenden Aussichten. Gleichzeitig begannen die Nationalsozialisten mit der Umsetzung ihrer eigenen Ziele. Am 28. Februar 1933, nach dem Reichstagsbrand, erließ Hitler eine Notverordnung, die weitgehende Eingriffe in Freiheitsrechte ermöglichte. Das Ermächtigungsgesetz vom 24. März gab ihm uneingeschränkte legislative Macht. Am 1. April 1933 riefen die Nationalsozialisten zum Boykott jüdischer Geschäfte auf, am 7. April erließen sie das «Gesetz zur Wiederherstellung des Berufsbeamtentums» mit dem so genannten Arierparagraphen: Alle Beamten mit einem jüdischen Eltern- oder Großelternteil waren in den Ruhestand zu versetzen oder aus dem Staatsdienst zu entlassen.

Ein Teil der evangelischen Kirche identifizierte sich auch theologisch mit den Anliegen der NSDAP. 1932 wurde die «Glaubensbewegung Deutsche Christen» gegründet, deren Ziel es war, nationalsozialistische Ideen in die Kirche einzubringen. In ihren Richtlinien vom 6. Juni 1932 heißt es:

> Wir wollen das wiedererwachte deutsche Lebensgefühl unserer Kirche zur Geltung bringen und unsere Kirche lebenskräftig machen. In dem Schicksalskampf um die deutsche Freiheit und Zukunft hat die Kirche in ihrer Leitung sich als zu schwach erwiesen. ... Wir wollen, daß unsere Kirche in dem Entscheidungskampf um Sein oder Nichtsein unseres Volkes an der Spitze kämpft. ... Wir sehen in Rasse, Volkstum und Nation uns von Gott geschenkte und anvertraute Lebensordnungen, für deren Erhaltung zu sorgen, uns Gottes Gesetz ist. ... Wir wissen etwas von der christlichen Pflicht und Liebe den Hilfslosen gegenüber, wir fordern aber auch Schutz des Volkes vor den Untüchtigen und Minderwertigen. ... In der Judenmission sehen wir eine schwere Gefahr für unser Volkstum. Sie ist das Eingangstor fremden Blutes in unsern Volkskörper. ... Insbesondere ist die Eheschließung zwischen Deutschen und Juden zu verbieten. (Zitiert nach Kirchen- und Theologiegeschichte in Quellen, Bd. IV/2, 1980, 118 f.)

Schnell kam der Wunsch nach einer einheitlichen, durch das Führerprinzip geordneten Reichskirche auf. Auswirkungen auf die evangelische Kirche hatte jedoch zunächst das Vorhaben der Regierung, den Arierparagraphen auch in die Kirche einzuführen, was bedeutete, dass alle Pfarrer jüdischer Herkunft aus dem kirchlichen Dienst zu entlassen wären.

Bonhoeffer war im Freundeskreis durch dieses Vorhaben betroffen. Sein Freund und Pfarrerskollege Franz Hildebrandt hatte eine jüdische Mutter. Darüber hinaus stammte sein Schwager Gerhard Leibholz aus einer jüdischen Familie; Leibholz verließ 1938 mit Frau und Kindern Deutschland und emigrierte nach London. Bonhoeffer sah mit Sorge, dass der Staat im Falle einer Einführung eines kirchlichen Arierparagraphen sich in einer das Wesen der Kirche zerstörenden Weise in fundamentale kirchliche Angelegenheiten einmischen würde, und reagierte mit dem Aufsatz *Die Kirche vor der Judenfrage*, der im Juni 1933 im Druck erschien. Der erste Teil des Aufsatzes, der sich mit der kirchlichen Aufgabe angesichts des staatlichen Sonderrechtes für Juden beschäftigt, knüpft an gewisse Elemente des lutherischen Obrigkeitsverständnisses an. Dieses geht von je unterschiedlichen, gottgegebenen Aufgaben von Staat und Kirche aus, weshalb die Kirche dem Staat in seine politischen Ent-

Die Lage der Kirche

scheidungen nicht hineinreden darf. Bonhoeffer schreibt analog:

> Zweifellos ist die reformatorische Kirche nicht dazu angehalten, dem Staat in sein spezifisch politisches Handeln direkt hineinzureden. Sie hat staatliche Gesetze weder zu loben noch zu tadeln, sie hat vielmehr den Staat als Erhaltungsordnung Gottes in der gottlosen Welt zu bejahen, sie hat sein – vom humanitären Gesichtspunkt aus gesehen: gutes oder schlechtes – Ordnungsschaffen anzuerkennen und zu verstehen als begründet in dem erhaltenden Willen Gottes mitten in der chaotischen Gottlosigkeit der Welt. ... Das staatliche Handeln bleibt frei vom kirchlichen Eingriff. ... Die Geschichte wird nicht von der Kirche gemacht, sondern vom Staat. (DBW 12, 350)

Die «Judenfrage» sei «eines der geschichtlichen Probleme, mit denen unser Staat fertig werden muß, ... und ohne Zweifel ist der Staat berechtigt, hier neue Wege zu gehen» (DBW 12, 351). Deshalb sei es keineswegs Aufgabe der Kirche, den Staat in seinem Umgang mit den Juden aus der Perspektive irgendeines «humanitären Ideals» zu kritisieren. Die Kirche könne «auch in der Judenfrage heute nicht dem Staat *unmittelbar* ins Wort fallen, und von ihm ein bestimmtes andersartiges Handeln fordern» (DBW 12, 350). Aber sie könne und solle – und mit dieser Forderung kritisiert Bonhoeffer zeitgenössische lutherische Obrigkeitskonzepte – den Staat danach fragen, ob er seinem Auftrag und seiner Verantwortung gerecht wird. Sie solle ihn fragen, ob sein Handeln ein Handeln ist, in dem, seiner Erhaltungsaufgabe entsprechend, tatsächlich Recht und Ordnung realisiert werden. Und genau dies müsse die Kirche heute in Bezug auf die Judenfrage tun.

Daneben habe die Kirche aber auch die Aufgabe, den Opfern des staatlichen Handelns zu helfen, also diakonisch tätig zu werden, und zwar ganz unabhängig davon, ob es sich dabei um Kirchenmitglieder handelt oder nicht. Auch dies sei gegenwärtig gefordert.

Berühmt ist Bonhoeffers Formulierung für die dritte Möglichkeit kirchlichen Handelns gegenüber dem Staat:

Die *dritte* Möglichkeit besteht darin, nicht nur die Opfer unter dem Rad zu verbinden, sondern dem Rad selbst in die Speichen zu fallen. Solches Handeln wäre unmittelbar politisches Handeln der Kirche und ist nur dann möglich und gefordert, wenn die Kirche den Staat in seiner Recht und Ordnung schaffenden Funktion versagen sieht, d. h. wenn sie den Staat hemmungslos ein Zuviel oder ein Zuwenig an Ordnung und Recht verwirklichen sieht. (DBW 12, 353 f.)

Diese dritte Variante kirchlichen Handelns sei dann nötig, wenn eine Gruppe von Staatsuntertanen ihr Recht verliere oder der Staat in das Wesen der Kirche eingreife, indem etwa getaufte Juden aus der Kirche ausgeschlossen werden oder Judenmission verboten wird. Was ist mit dieser dritten Variante gemeint, was soll es heißen, dem Rad in die Speichen zu fallen? Immer wieder ist dieser Text so interpretiert worden, als habe Bonhoeffer durch seine Verwendung dieses drastischen, kämpferischen Bildes bereits 1933 an einen gewaltsamen Widerstand gedacht. Neuerdings mehren sich Zweifel an dieser Interpretation. Im Text selbst ist nur die Rede davon, dass die Kirche dann *in statu confessionis*, das heißt in einer Bekenntnissituation, stehe, in einer Situation, in der um des Bekenntnisses zu Christus willen für den Christen nur eine einzige inhaltliche Positionierung möglich ist.

Diese Situation trat in Bonhoeffers Augen wenig später ein. Bei den Kirchenwahlen am 23. Juli 1933 erlangten die Deutschen Christen in den meisten Landeskirchen die Mehrheit. Im September 1933 wurde durch Beschluss der so genannten «Braunen Synode» – zahlreiche Synodale kamen in brauner Uniform – der Arierparagraph in die Kirche der Altpreußischen Union, zu der Bonhoeffer gehörte, eingeführt. Damit wurde das in der Reformationszeit festgelegte und auch für die Altpreußische Union geltende alleinige Kriterium für ein Amt in der evangelischen Kirche negiert, das lautet: Der Pfarrer muss nur *rite vocatus* sein, das heißt ordnungsgemäß berufen durch die Kirche. Aufgewühlt schrieb Bonhoeffer an Karl Barth:

> In Ihrer Schrift [Theologische Existenz heute] haben Sie gesagt, daß dort, wo eine Kirche den Arierparagraphen einführen würde, sie auf-

hört christliche Kirche zu sein. ... Nun ist das zu Erwartende eingetreten, und ich bitte Sie im Namen vieler Freunde, Pfarrer und Studenten darum, uns wissen zu lassen, ob Sie es für eine Möglichkeit halten, in einer Kirche, die aufgehört hat, christliche Kirche zu sein, zu bleiben, beziehungsweise ein Pfarramt, das zu einem Privileg für Arier geworden ist, weiter zu verwalten. ... Mehreren unter uns liegt jetzt der Gedanke der Freikirche sehr nahe. ... Daß der status confessionis da ist, daran kann ja nicht gezweifelt werden, aber worin sich die confessio heute am sachgemäßesten ausdrückt, darüber sind wir uns nicht im klaren. (DBW 12, 124 f.)

Barth stimmte zu, dass der *status confessionis* gegeben sei, und ermutigte dazu, der Kirchenleitung deutlich zu machen, dass sie durch die Einführung des Arierparagraphen «in diesem Stück nicht mehr Kirche Christi» (DBW 12, 126) sei. Doch er riet zu einem «höchst aktive[n] polemische[n] Warten» (ebd., 127), Kirchenaustritt könne nur die *ultima ratio* sein. Deutlich wird an Bonhoeffers Brief gegenüber Barth: Der *status confessionis* ist für ihn nicht durch den Arierparagraphen an sich gegeben, sondern erst durch die Einführung dieser staatlichen Regelung in den kirchlichen Bereich, denn damit wird das Wesen der Kirche zerstört, die den Zugang zu Christus nicht von äußeren Gesetzen abhängig macht.

Am 11. September 1933 gründeten Martin Niemöller, Dietrich Bonhoeffer und andere den Pfarrernotbund. Er sollte Amtsbrüdern, die durch die Einführung dieses Gesetzes ihren Lebensunterhalt nicht mehr selbst verdienen konnten, helfen und durch verschiedene Formen der Öffentlichkeitsarbeit die Ansichten der Deutschen Christen angreifen. Der Nationalsynode in Wittenberg übergab der Pfarrernotbund am 27. September eine Protesterklärung, die auch Bonhoeffer unterzeichnete und die sich dagegen wandte, dass die Kirche «unter Verleugnung der brüderlichen Liebe durch Herrschaft der Gewalt zu einem Reich dieser Welt wird» (DBW 12, 143). Der Arierparagraph stehe im Widerspruch zu Bibel und Bekenntnis; er begrenze das Evangelium durch menschliche Gesetze. Aus dem Pfarrernotbund ging wenige Monate später die Bekennende Kirche hervor.

Bereits im Sommer 1933 hatte Bonhoeffer sich unter der Leitung von Friedrich von Bodelschwingh an der Erarbeitung eines Bekenntnisses angesichts der aktuellen kirchlichen Lage beteiligt. Die schließlich zum Jahreswechsel 1933/34 veröffentlichte Fassung des *Betheler Bekenntnisses* hat Bonhoeffer nicht mehr mitgetragen, weil er sie für verwässert hielt. In der von ihm mitverantworteten Fassung vom August 1933 wurde die «Natürliche Theologie» eindeutig kritisiert, die mit Offenbarungen Gottes in der Schöpfung und der Geschichte, jenseits der Christusoffenbarung, rechnet:

> Wir verwerfen die Irrlehre, daß Gott aus einer bestimmten «geschichtlichen Stunde» unmittelbar zu uns rede und sich in einem unmittelbaren Handeln in der Schöpfung offenbare, denn es ist Schwärmerei, den Willen Gottes ohne das äußerliche Wort der Heiligen Schrift, an das Gott sich gebunden hat, vernehmen zu wollen. («Gott sprach: ‹Es werde Volk!› und es ward Volk». Hossenfelder [der Reichsleiter der Deutschen Christen]). (DBW 12, 374)

Entsprechend wird in dem Text – wie auch schon in Bonhoeffers Buch *Schöpfung und Fall* – die im theologischen Denken der Deutschen Christen beheimatete Vorstellung von «Lebens-» oder «Schöpfungsordnungen» kritisiert. Damit ist die Annahme gemeint, es gebe in dieser Welt bestimmte durch Gott seit der Schöpfung festgelegte Ordnungen, an die sich der Mensch zu halten habe, zum Beispiel dass Mann und Frau eine Ehe miteinander eingehen sollen oder dass Menschen gleicher Rasse zu einem Volk gehören und man als Volk die Aufgabe habe, für den Bestand des eigenen Volkes zu kämpfen:

> Solange Völker einander in ihrem notwendigen Lebensraum und in der Entfaltung ihrer Bestimmung bedrohen oder verletzen, gehört der Kampf für das Leben und die Freiheit des eigenen Volkes zu den Pflichten, an die wir in unserer irdischen Situation gebunden sind; die Zugehörigkeit zu der christlichen Kirche hebt diese Verpflichtungen nicht auf, weist uns vielmehr erst recht an sie als den irdischen Ort, an dem wir Gehorsam und Glauben zu bewähren haben. (Wilhelm Stählin, Die Einheit der christlichen Kirche und die Völker, in: Die Eiche 20, 1932, 333)

Bonhoeffer hatte in Barcelona noch selbst ähnlich formuliert, doch jetzt kritisierte er diese Konzeption. Es gibt keine um ihrer selbst willen wertvollen Schöpfungsordnungen, die als solche gut sind. Es gibt nur «Erhaltungsordnungen», die ihren Wert dadurch gewinnen, dass sie die Welt erhalten «um der Zukunft Christi und der Neuschöpfung willen» (DBW 12, 375). Letztlich gehe es darum, dass die Welt offenbleibe für Christus. Und wo dies nicht geschehe, wo kein Raum mehr sei für die Verkündigung des Evangeliums, dort handele es sich nicht um eine Ordnung Gottes und dort müsse sie, also zum Beispiel die Bindung an den Volksgedanken, aufgegeben werden. Bereits in seinem Buch *Schöpfung und Fall* hatte Bonhoeffer analog argumentiert: Die Ordnungen, die Gott dieser Welt gibt, «sind Erhaltungsordnungen Gottes auf Christus hin, nicht Schöpfungs- sondern Erhaltungsordnungen, nicht in sich wertig, sondern ausgerichtet und sinnvoll allein durch Christus» (DBW 3, 129 f.).

Vor diesem Hintergrund wirkt es nur auf den ersten Blick weltfremd, dass Bonhoeffer gerade im Sommer 1933 seine Vorlesung an der Berliner Universität über Christologie, die kirchliche Lehre von Jesus Christus, hielt. In dieser Vorlesung entfaltet Bonhoeffer einen seiner theologischen Kerngedanken: In der Christologie geht es nicht um die Vorstellung von einem guten Menschen, den man sich zum Vorbild nehmen solle, auch nicht um einige theologiegeschichtlich interessante Spitzfindigkeiten. Gegenüber Jesus Christus geht es um «die Frage des Glaubens: Wer bist Du, bist Du Gott selbst?» (DBW 12, 282), sowie darum, auf die Gegenfrage zu antworten: «Wer bist denn Du, daß Du so fragst?» (DBW 12, 286) Nicht in der akademischen Distanz kann man sich mit Jesus Christus beschäftigen, sondern nur, indem man sich, so meint Bonhoeffer, auf die Begegnung mit dieser Person einlässt. Allein Jesus Christus besitzt die Autorität, den Menschen derart zu fragen und damit *für sich* in Anspruch zu nehmen. Andere Menschen haben Autorität nur, weil ein anderer sie ihnen gibt – die politische Dimension dieser Aussage ist nicht zu übersehen. Insgesamt lässt die Vorlesung keinen Zweifel daran, dass sich die Kirche nur an Christus zu orientieren hat – und an nichts sonst.

Für Bonhoeffers eigenen Lebensweg hatten die Veränderungen in seiner Kirche 1933 weitreichende Konsequenzen: Er entschloss sich im September dazu, ab Oktober ein Pfarramt in einer deutschen Auslandsgemeinde in London zu übernehmen. An Karl Barth schreibt er kurz nach seiner Ankunft in London über seinen Wechsel:

> Es war mir ... in Berlin ein Pfarramt im Osten angeboten worden, die Wahl war sicher. Da kam der Arierparagraph in Preußen und ich wußte, daß ich das Pfarramt, nach dem ich mich gesehnt hätte gerade in dieser Gegend, nicht annehmen durfte, wenn ich nicht die Haltung unbedingter Opposition gegen *diese* Kirche aufgeben wollte, wenn ich mich nicht von vornherein meiner Gemeinde unglaubwürdig machen wollte, wenn ich nicht aus der Solidarität mit den judenchristlichen Pfarrern – mein nächster Freund [Franz Hildebrandt] gehört zu ihnen und steht gegenwärtig vor dem Nichts, er kommt jetzt zu mir nach England – heraustreten wollte. ... Wenn man überhaupt in solchen Entscheidungen nachher ganz bestimmte Gründe ausfindig machen will, so war, glaub ich, einer der stärksten, daß ich mich den Fragen und Ansprüchen, die an mich herantraten, einfach innerlich nicht mehr gewachsen fühlte. Ich fühlte, daß ich mich unbegreiflicherweise gegen alle meine Freunde in einer radikalen Opposition befände, ich geriet mit meinen Ansichten über die Sache immer mehr in Isolierung ... und das alles machte mir Angst, machte mich unsicher, ich fürchtete, daß ich mich aus Rechthaberei verrennen würde ... und so dachte ich, es wäre wohl Zeit, für eine Weile in die Wüste zu gehen und einfach Pfarrarbeit zu tun. (DBW 13, 12 f.)

6. Als Auslandspfarrer in London, 1933–1935

Die «Stille des Pfarramts»

Am 17. Oktober 1933 trat Bonhoeffer in London seinen Dienst an. Er war zuständig für die Deutsche Reformierte Gemeinde St. Paul's im Stadtteil Whitechapel und die Deutsche Evangelische Kirche in Sydenham-Forest Hill. Vor seiner Abreise war er noch wegen diverser kritischer Äußerungen zu den neueren kirchlichen Entwicklungen von der Kirchenleitung zur Rechenschaft gezogen worden; mit solchen Positionierungen könne man ihn nicht ins Ausland gehen lassen. Doch Bonhoeffer ließ sich nicht beunruhigen. Reichsbischof Ludwig Müller gegenüber äußerte er,

> daß ich in London unter keinen Umständen die Sache der Deutschen Christen vertreten könne, daß ich im ökumenischen Gespräch unverändert meine Stellungnahme zum Ausdruck bringen würde und daß es mir lieber sei, wenn er mir verbiete hinzugehen, als wenn er etwas anderes von mir erwarte. (DBW 13, 22)

Nicht alle seiner Freunde und Weggefährten hatten Verständnis dafür, dass Bonhoeffer sich aus den direkten kirchlichen Auseinandersetzungen in Deutschland zurückzog. Karl Barth, der sich seinerseits von Bonn aus intensiv an diesen beteiligte, reagierte auf Bonhoeffers Londoner Brief äußerst ungehalten:

> Da Sie mich nun nachträglich wegen dieser Sache anreden, kann ich Ihnen wahrlich nichts Anderes zurufen als: Schleunigst zurück auf Ihren Berliner Posten! Was heißt «Abseitsgehen», «Stille des Pfarramts» usw. in einem Augenblick, wo Sie in Deutschland einfach gefordert sind? Sie, der Sie so genau wissen wie ich, daß … man jetzt unter keinen Umständen weder Elia unter dem Wacholder noch Jona unter dem Kürbis spielen darf sondern aus allen Rohren schießen muß! Was soll das Lob, das Sie mir spenden – von der andern Seite des Kanals her? … [Sie müssen jetzt] nur das Eine bedenken daß Sie ein Deutscher sind, daß das Haus Ihrer Kirche brennt, daß Sie genug

wissen und was Sie wissen gut genug zu sagen wissen, um zur Hilfe befähigt zu sein und daß Sie im Grunde mit dem nächsten Schiff auf Ihren Posten zurückkehren müßten! Nun, sagen wir: mit dem übernächsten! (DBW 13, 31–33)

Bonhoeffer ließ sich davon jedoch zunächst nicht beirren. Er engagierte sich für deutsche Flüchtlinge, führte in Sydenham Kindergottesdienste ein und in beiden Gemeinden spezielle Veranstaltungen für Jugendliche. Indessen kamen nur wenige erwachsene Gemeindeglieder in den sonntäglichen Gottesdienst. Bonhoeffer predigte in einem direkten, unverblümten Ton, der wohl kaum zu beschaulicher Erbauung einlud:

> Wir glauben ... an allerlei, wir glauben sogar an viel zu viel – wir glauben an die Macht, wir glauben an uns selbst, wir glauben an andere Menschen, wir glauben an die Menschheit. Wir glauben an unser Volk, wir glauben an unsere Religionsgemeinschaft ... aber wir glauben über dem allem an den Einen nicht – an Gott. Und dieser Glaube an Gott würde uns nämlich den Glauben an alle die anderen Mächte nehmen, unmöglich machen. Wer an Gott glaubt, der glaubt in dieser Welt an nichts ..., denn er weiß, es zerbricht und vergeht. (DBW 13, 414)

Die illoyalen Herren Auslandsgeistlichen

Von London aus verfolgte Bonhoeffer die politischen und kirchlichen Entwicklungen in Deutschland. Auf der Sportpalastkundgebung der Deutschen Christen am 13. November 1933 in Berlin rief der Berliner Gauobmann Reinhold Krause offen zu einer völkischen Kirche auf. Dazu müsse man sich «vom Alten Testament mit seiner jüdischen Lohnmoral, von diesen Viehhändler- und Zuhältergeschichten» befreien und «auf die ganze Sündenbock- und Minderwertigkeitstheologie des Rabbiners Paulus» verzichten.

> Wenn wir aus den Evangelien das heraus nehmen, was zu unseren deutschen Herzen spricht, dann tritt das Wesentliche der Jesuslehre klar und leuchtend zutage, das sich – und darauf dürfen wir stolz sein – restlos deckt mit den Forderungen des Nationalsozialismus. (Zitiert nach Scholder, Die Kirchen, Bd. 1, 705)

Dass die anwesende Kirchenleitung gegen diese Pläne zur Abwandlung der Bibel nicht protestierte und sie in der anschließenden Kundgebungsresolution aufgenommen wurden, entsetzte die Mitglieder des Pfarrernotbundes, aber auch viele moderate Anhänger der Deutschen Christen. Die Leitung des Pfarrernotbundes erwirkte beim Reichsbischof die vorläufige Suspendierung Krauses. Joachim Hossenfelder, seit September 1933 brandenburgischer Bischof, trat wenig später zurück. Die Anwendung des Arierparagraphen wurde ausgesetzt.

Der kirchlichen Opposition gab der Sportpalast-Eklat insgesamt Rückenwind. Man hoffte auf eine Wende. Bonhoeffer forderte ein reinigendes kirchliches Lehrzuchtverfahren, um die Theologie der Deutschen Christen nun endlich als häretisch zu erweisen. Überhaupt versuchte er von London aus, immer wieder Einfluss auf die Entwicklung in Deutschland zu nehmen. Nahezu alle deutschen Auslandspfarrer in England mischten sich mit Voten und Telegrammen an die Reichskirchenregierung und die kirchliche Opposition in die deutschen Zustände ein. Im Januar 1934 drohten sie mit einem Ausscheiden ihrer Gemeinden und forderten den Rücktritt von Reichsbischof Ludwig Müller. Die Kirchenleitung der Deutschen Evangelischen Kirche sah solche Störungen nicht gern. Theodor Heckel, der damals für die Auslandsgemeinden zuständige Mitarbeiter, schrieb im Januar 1934 an alle Pfarrer im Ausland:

> Insbesondere spreche ich das dringende Ersuchen aus, daß die Herren Auslandsgeistlichen sich der größten kirchenpolitischen Zurückhaltung befleißigen. Wie der Soldat an der Front nicht in der Lage ist, den Gesamtplan zu überblicken, sondern die ihm zunächst liegende Aufgabe zu erfüllen hat, so vertraue ich darauf, daß die Herren Auslandsgeistlichen zwischen dem unterscheiden, was ihre besondere Aufgabe und was die Aufgabe der Kirchenleitung für die Gestaltung der Deutschen Evangelischen Kirche in der Heimat ist. (DBW 13, 85)

Im Februar stattete Heckel den Londoner Gemeinden sogar einen Besuch ab, der – ohne Erfolg – das Ziel verfolgte, die Pfarrer von ihrer bisherigen Illoyalität gegenüber dem Reichsbischof abzubringen.

Bonhoeffer diskutierte mit Führungspersönlichkeiten der Ökumene offen die Entwicklungen in Deutschland. Am wichtigsten wurde der Kontakt zum Präsidenten des Ökumenischen Rates für Praktisches Christentum, dem anglikanischen Bischof von Chichester George Bell, den Bonhoeffer seit der ökumenischen Tagung in Gland im August 1932 kannte. Gerade angesichts einer möglichen, politisch heiklen institutionellen Trennung der kirchlichen Opposition von der Reichskirche hielt Bonhoeffer ökumenische Unterstützung für unerlässlich. Am 15. April 1934 schrieb er an Bell:

> Für die ökumenische Bewegung [ist] der Augenblick endgültig gekommen ..., entweder eine entschiedene Haltung einzunehmen – vielleicht in der Weise eines Ultimatums oder indem sie öffentlich die Sympathie mit den oppositionellen Pastoren zum Ausdruck bringt – oder alles Vertrauen bei dem besten Teil der deutschen Pastoren zu verlieren. (DBW 13, 122, Übers. C. T.)

Bell versuchte in Absprache mit Bonhoeffer durch Briefe und Stellungnahmen die ökumenische Stimme in Deutschland zur Geltung zu bringen. Heckel besuchte ebenso Bell im Februar 1934, um ihn – auch dies erfolglos – zu einem längeren Verzicht auf Interventionen zu bewegen.

Grundlegend für die Entwicklung der kommenden Monate wurde die Erste Bekenntnissynode der Deutschen Evangelischen Kirche vom 29. bis 31. Mai 1934 in Wuppertal-Barmen. 139 Repräsentanten verschiedener Gruppen der kirchlichen Opposition verabschiedeten am 31. Mai die Barmer Theologische Erklärung. Bereits am 22. April hatte sich die Opposition in Ulm zur rechtmäßigen Evangelischen Kirche Deutschlands erklärt. In Barmen wurde dieser Anspruch wirkmächtig erneuert. Die Synode gilt als Gründungsdatum der «Bekennenden Kirche».

Die berühmte *Barmer Theologische Erklärung* ist in sechs Thesen gegliedert, in denen auf ein oder zwei Bibelzitate zunächst eine bejahende Lehraussage und dann ein oder zwei Verwerfungen folgen. Inhaltlich geht es darum, «angesichts der die Kirche verwüstenden und damit auch die Einheit der Deutschen Evangelischen Kirche sprengenden Irrtümer der Deutschen Christen» die Grundlagen des evangelischen Glaubens erneut einzuschärfen und die «fremde[n] Voraussetzungen», die durch die Deutschen Christen eingeführt wurden und durch die die Kirche aufhört, «Kirche zu sein», zu bekämpfen (Zitate nach: Die Barmer Theologische Erklärung, 34 f.). Bonhoeffer begrüßte die Gründung der Bekennenden Kirche und die Theologische Erklärung, die man dort verabschiedete. Die 1. These betonte, was er selbst in dieser Krise für entscheidend hielt:

> Jesus Christus, wie er uns in der Heiligen Schrift bezeugt wird, ist das eine Wort Gottes, das wir zu hören, dem wir im Leben und im Sterben zu vertrauen und zu gehorchen haben. Wir verwerfen die falsche Lehre, als könne und müsse die Kirche als Quelle ihrer Verkündigung außer und neben diesem einen Worte Gottes auch noch andere Ereignisse und Mächte, Gestalten und Wahrheiten als Gottes Offenbarung anerkennen. (Die Barmer Theologische Erklärung, 36)

Bonhoeffers Friedensrede in Fanø

Nicht nur die kirchliche Lage war in diesem Sommer 1934 spannungsgeladen. Auch die internationale politische Lage wurde immer angespannter. Am 14. Oktober 1933 hatte Deutschland den Völkerbund verlassen. Umso wichtiger wurden nach Bonhoeffers Ansicht internationale kirchliche Begegnungen. Dabei war für Bonhoeffer jedoch undenkbar, nach der klaren Verurteilung der Lehre der Deutschen Christen in Barmen, sich auf ökumenischen Tagungen mit diesen an einen Tisch zu setzen. Im August 1934 sollten im dänischen Fanø der Weltbund und der Ökumenische Rat für Praktisches Christentum gemeinsam tagen. Im Vorfeld machte Bonhoeffer im Auftrag von Martin Niemöller und Karl Koch, dem Präses der Bekenntnissynode, deutlich, dass die ökumenischen Gremien als Zeichen der Anerkennung der Synode von Barmen offiziell einen Vertreter der Bekennenden Kirche nach Fanø einladen müssen. Damit solle der Anspruch der Bekennenden Kirche bestätigt werden, die rechtmäßige Evangelische Kirche in Deutschland zu sein. Nach längeren Verhandlungen wurden zwei Vertreter der Bekenntnissynode als Gäste eingeladen. Gleichzeitig forderte Bonhoeffer von

Abb. 6: Dietrich Bonhoeffer mit Jean Lasserre während der Konferenz in Fanø, August 1934.

der Tagung eine Resolution, die deutlich mache, «daß die Entscheidung vor der Tür steht: Nationalsozialist *oder* Christ» (DBW 13, 179). In der Tat verabschiedete man in Fanø eine gemeinsame ökumenische Resolution, die die Kirchenpolitik der deutschen Regierung deutlich kritisierte und die Bekennende Kirche des Gebetes und der Sympathie versicherte. Gleichzeitig wählte man Bonhoeffer und Koch in das Exekutivkommittee des Ökumenischen Rates. Die Bekennende Kirche sah darin ein wichtiges Signal. Bonhoeffer dankte Bell:

> Ich [möchte] Ihnen sehr herzlich für die große Hilfe danken, die Sie der Sache unserer Kirche auf der Fanø-Konferenz gewährt haben. Die Resolution in ihrer endgültigen Form ist ein wahrer Ausdruck brüderlichen Geistes, der Gerechtigkeit und Wahrhaftigkeit geworden. (DBW 13, 494)

Die Resolution enthielt allerdings gleichzeitig den Satz, man wolle mit allen Gruppen der Deutschen Evangelischen Kirche, also auch den Deutschen Christen, in freundschaftlichem Kontakt bleiben. Damit blieb sie langfristig hinter einer eindeutigen Positionierung zurück.

Bonhoeffer hielt außerdem einen der Einleitungsvorträge, er sprach über «Kirche und Völkerwelt». Ähnlich wie bereits 1932 strich er eindringlich die besondere Bedeutung der kirchlichen Ökumene für die Welt heraus. Die christliche Kirche ist zwar jeweils Kirche in einem bestimmten nationalen und politischen Kontext, aber sie überschreitet diesen gleichzeitig. Weil die Ökumene Gottes Ruf zum Frieden vernommen habe, müsse sie diesen jetzt an die Völkerwelt richten, unabhängig von nationalen Bindungen und Interessen. Es ist für ihn die Frage der Schlange aus Genesis 3, hinter diesen Ruf zurückzufragen:

> Sollte Gott nicht die menschliche Natur besser gekannt haben und wissen, daß Kriege in dieser Welt kommen müssen wie Naturgesetze? Sollte Gott nicht gemeint haben, wir sollten wohl von Frieden reden, aber so wörtlich sei das nicht in die Tat umzusetzen? Sollte Gott nicht doch gesagt haben, wir sollten wohl für den Frieden arbeiten, aber zur Sicherstellung sollten wir doch Tanks und Giftgase bereitstellen? Und dann das scheinbar Ernsteste: Sollte Gott gesagt haben, Du sollst dein Volk nicht schützen? Sollte Gott gesagt haben, Du sollst deinen Nächsten dem Feind preisgeben? Nein, das alles hat Gott nicht gesagt, sondern gesagt hat er, daß Friede sein soll unter den Menschen, daß wir ihm vor allen weiteren Fragen gehorchen sollen, das hat er gemeint. Wer Gottes Gebot in Frage zieht, bevor er gehorcht, der hat ihn schon verleugnet. (DBW 13, 299)

Stattdessen muss die Ökumene die Welt daran erinnern: «Brüder ... können nicht die Waffen gegeneinander richten, weil sie wissen, daß sie damit die Waffen auf Christus selbst richteten.» (DBW 13, 299f.) Bonhoeffer diagnostizierte nüchtern, dass man auf dem Wege der Sicherheit keinen Frieden erreichen könne. Wer Sicherheit will, muss gegenüber dem Anderen misstrauisch sein. Genau dies begünstigt aber Kriege. Friede hingegen ist immer ein Wagnis, das Wagnis, sich ganz dem Gebot Gottes auszuliefern. Dieses Gebot zu verkünden ist Aufgabe der jetzt in Fanø versammelten Kirche:

> Wer ruft zum Frieden, daß die Welt es hört, zu hören gezwungen ist? ... Nur das Eine *große ökumenische Konzil der Heiligen Kirche Christi* aus aller Welt kann es so sagen, daß die Welt zähneknirschend das Wort vom Frieden vernehmen muß und daß die Völker

froh werden, weil die Kirche Christi ihren Söhnen im Namen Christi die Waffen aus der Hand nimmt und ihnen den Krieg verbietet und den Frieden Christi ausruft über die rasende Welt. ... Das ökumenische Konzil ist versammelt ... Die Stunde eilt – die Welt starrt in Waffen und furchtbar schaut das Mißtrauen aus allen Augen, die Kriegsfanfare kann morgen geblasen werden – worauf warten wir noch? (DBW 13, 300 f.)

In Deutschland formte sich die Bekennende Kirche in den nächsten Monaten weiter. Die Zweite Bekenntnissynode in Dahlem vom 19. und 20. Oktober 1934 rief ein kirchliches Notrecht aus und konstituierte eigene Leitungsorgane. Bonhoeffers Londoner Gemeinden wie auch fast alle deutschen Gemeinden in England schlossen sich der Bekenntniskirche an.

Rückkehr nach Deutschland

Dietrich Bonhoeffer machte sich in London immer wieder Gedanken über die richtige Gestalt kirchlicher Opposition. An seinen Schweizer Freund Erwin Sutz schrieb er im April 1934:

Obwohl ich mit vollen Kräften in der kirchlichen Opposition mitarbeite, ist es mir doch ganz klar, daß *diese* Opposition nur ein ganz vorläufiges Durchgangsstadium zu einer ganz anderen Opposition ist, und daß die Männer dieses ersten Vorgeplänkels zum geringsten Teil die Männer jenes zweiten Kampfes sind. Und ich glaube, die ganze Christenheit muß mit uns darum beten, daß das «Widerstehen bis aufs Blut» kommt und daß Menschen gefunden werden, die es erleiden. Einfach erleiden – darum wird es dann gehen, nicht Fechten, Hauen und Stechen, – das mag für das Vorgefecht noch erlaubt und möglich sein, der eigentliche Kampf, zu dem es vielleicht erst später kommt, muß einfach ein glaubendes Erleiden sein und dann, dann vielleicht wird sich Gott wieder zu seiner Kirche mit seinem Wort bekennen, aber bis dahin muß viel geglaubt, viel gebetet und viel gelitten werden. (DBW 13, 128)

Auf den ersten Blick scheint Bonhoeffer in diesem Brief die leidensbereite Beteiligung an der gewaltsamen Beseitigung Hitlers vor Augen gestanden zu haben. Doch genauer betrachtet, dachte er an einen passiveren, stilleren Widerstand, der weniger auf innerweltliche Machtverschiebungen als auf ein neues Stehen Gottes zu seiner Kirche setzt. Bonhoeffer erhoffte es sich als Folge einer konsequenten Orientierung an der Bergpredigt Jesu:

> Wissen Sie, ich glaube – vielleicht wundern Sie sich darüber – daß die ganze Sache an der *Bergpredigt* zur Entscheidung kommt. ... Schreiben Sie doch einfach mal, wie Sie über die Bergpredigt predigen. Ich versuche es gerade – unendlich schlicht und einfach – aber es geht immer um das *Halten* des Gebotes und gegen das Ausweichen. *Nachfolge* Christi – was das ist, möchte ich wissen – es ist nicht erschöpft in unserem Begriff des Glaubens. Ich sitze an einer Arbeit, die ich Exerzitium nennen möchte – nur als Vorstufe. ... Wie lange ich Pfarrer und in dieser Kirche bleibe, weiß ich nicht. Vielleicht nicht mehr lange. Ich möchte im Winter nach Indien. (DBW 13, 128 f.)

Nach Indien, wo er Mahatma Gandhi und Methoden des gewaltlosen Widerstandes kennenlernen wollte, reiste Bonhoeffer nicht. Aber er besuchte im März 1935 in England eine Reihe von christlichen Kommunitäten und Ausbildungsseminaren, um Anregungen zu sammeln, wie durch eine andere Form von kirchlichem Leben der Nationalsozialismus von innen her überwunden werden kann:

> Ich glaube zu wissen, daß ich eigentlich erst innerlich klar und wirklich aufrichtig sein würde, wenn ich mit der Bergpredigt wirklich anfinge, Ernst zu machen. Hier sitzt die einzige Kraftquelle, die den ganzen Zauber und Spuk einmal in die Luft sprengen kann, bis von dem Feuerwerk nur ein paar ausgebrannte Reste übrig bleiben. Die Restauration der Kirche kommt gewiß aus einer Art neuen Mönchtums, das mit dem alten nur die Kompromißlosigkeit eines Lebens nach der Bergpredigt in der Nachfolge Christi gemeinsam hat. Ich glaube, es ist an der Zeit, hierfür die Menschen zu sammeln. ... Es gibt ... nun einmal Dinge, für die es sich lohnt, kompromißlos einzustehen. Und mir scheint, der Friede und soziale Gerechtigkeit, oder eigentlich Christus, sei so etwas. (DBW 13, 272 f.)

Mit diesen Überzeugungen kehrte Bonhoeffer im April 1935 nach Deutschland zurück, um, vom Bruderrat der Bekennenden Kirche gebeten, Direktor eines der neugegründeten Predigerseminare der Bekennenden Kirche zu werden.

7. Leiter eines Predigerseminars, 1935–1937

Ein brüderliches Leben

Als Folge des auf der Dahlemer Synode ausgerufenen Notrechts beschloss die altpreußische Bekennende Kirche, die theologische Ausbildung ihrer Pfarrer selbst zu gestalten. Neben zwei Kirchlichen Hochschulen in Wuppertal-Elberfeld und Berlin (die bei ihrer Gründung sofort polizeilich verboten wurden, aber illegal weiterarbeiteten) richtete sie fünf eigene Predigerseminare ein: in Elberfeld und Bielefeld, im ostpreußischen Bloestau, in Naumburg an der Saale und in Pommern. Viele der Kandidaten – junge Männer, die ein Vikariat bei einem Bekenntnispfarrer machten – hatten wegen ihrer Treue zur Bekennenden Kirche bereits im Gefängnis gesessen. In den Predigerseminaren sollten die Vikare die kirchlichen Praxisaufgaben theologisch reflektieren. Anschließend wurden sie ordiniert. Nach dem Erlass der «Fünften Verordnung zur Durchführung des Gesetzes zur Sicherstellung der Deutschen Evangelischen Kirche» Ende 1935 war eine Anstellung für die frisch Ordinierten nur noch als Hilfsprediger bei einem Pfarrer der Bekennenden Kirche möglich oder in einer Patronatskirche, also einer Gemeinde, bei der ein Gutsherr als Patron die Einstellung von Pfarrern selbstständig vornehmen konnte. Wer sich dazu entschloss, in ein Predigerseminar der Bekennenden Kirche zu gehen, verzichtete somit auf eine gesicherte Anstellung in der Reichskirche.

Bonhoeffer wurde Studiendirektor des Predigerseminars in Pommern. Sein erster Kurs begann im April 1935 auf dem Zingsthof, einem Freizeitheim der Schülerbibelkreise der rheinischen Kirche, gelegen auf der Halbinsel Zingst an der Ostsee. Wilhelm Rott, ein reformierter Pfarrer aus dem Rheinland, wurde ihm als Studieninspektor zur Seite gestellt. Die Teilnehmerzahl beim ersten und den folgenden Kursen, die jeweils halbjährig angelegt waren, lag bei 20–25 Kandidaten. Eberhard

Bethge, Bonhoeffers Biograph und von 1962 bis 1976 Leiter des Pastoralkollegs der Evangelischen Kirche im Rheinland, und Albrecht Schönherr, später in der DDR Bischof von Berlin-Brandenburg und Vorsitzender des Bundes der Evangelischen Kirchen in der DDR, gehörten zum ersten Kurs. Gerhard Ebeling, einer der wichtigsten deutschsprachigen Lutherforscher und Dogmatiker der zweiten Hälfte des 20. Jahrhunderts, nahm am vierten Kurs teil.

Weil ab Mitte Juni 1935, mit Beginn der Urlaubszeit, der Zingsthof nicht mehr zur Verfügung stand, zog die Gruppe nach Finkenwalde bei Stettin um, in ein ehemaliges Gutshaus. Das Haus hatte so gut wie keine Ausstattung, so dass die Kandidaten sich mit einem Bittgedicht an mögliche Spender wandten. Etliche Gemeinden und Privatpersonen reagierten darauf großzügig mit Möbel-, Bücher- sowie anderen Sachspenden und unterstützten die Arbeit fortan mit Gebeten und weiteren Zuwendungen. Umgekehrt begleiteten die Finkenwalder die bekenntnisorientierten Ortsgemeinden in Finkenwalde und Stettin. Außerdem unternahmen sie so genannte Volksmissionsfahrten, auf denen sie in verschiedenen Gemeinden Gottesdienste feierten oder Kinderstunden anboten. Eberhard Bethge schilderte diese Missionsfahrten in einem Rundbrief aus Finkenwalde

> als selbstverständliche Voraussetzung der Arbeit: an jedem Morgen Andachten unter den Brüdern, – kurze Schweigezeit in der Kirche vor dem Gottesdienst und Andacht in der Kirche nach dem Gottesdienst. Wir haben erfahren, wie herrlich es ist, in der Verkündigung nicht allein zu stehen; die Gemeinschaft trägt jedes Wort mit, auch durch ihr Gebet, und wo einer versagt, springt der andere ein.
> (Zitiert nach Dietrich Bonhoeffer Jahrbuch 5, 2012)

Besondere Unterstützung erhielt das Predigerseminar durch Ruth von Kleist-Retzow, deren Hauptwohnsitz ein Gut in Klein-Krössin bei Kieckow war. Sie hatte ihre Enkel zu sich geholt und auf ein Stettiner Gymnasium geschickt, um sie der nationalsozialistischen Erziehung in deren Internaten zu entziehen. Zwischen der alten Dame und Bonhoeffer entwickelte sich ein intensiver Austausch über theologische, kirchliche und politische Fra-

Abb. 7: Dietrich Bonhoeffer als Direktor des Predigerseminars in Finkenwalde, August 1935.

gen. Fortan war Bonhoeffer regelmäßig auf ihrem Gut zu Gast. Ihre Enkelinnen Maria von Wedemeyer und Ruth-Alice von Wedemeyer, damals schon verlobt mit Klaus von Bismarck, besuchten ab und zu den Gottesdienst im Finkenwalder Seminar.

Das Predigerseminar sollte nach Bonhoeffers Überzeugung nicht eine Gemeinschaft um ihrer selbst willen sein, sondern eine angemessene Vorbereitung auf den Kirchenkampf: «Nicht klösterliche Abgeschiedenheit, sondern innerste Konzentration für den Dienst nach außen ist das Ziel.» (DBW 14, 77) Nur so lasse sich die «Vereinzelung» im Pfarramt und die «Last der Verkündigung» überwinden. Denn eine «Verkündigung, die aus praktischer, gelebter und erfahrener Bruderschaft kommt, wird sachlicher und unerschrockener sein können und weniger in der Gefahr der Versandung stehen» (DBW 14, 76). Durch ein gemeinsames Leben nach den Geboten Gottes, «in strenger, christlicher Lebensführung in Gebet, Meditation, Schriftstudium und brüderlicher Aussprache» (DBW 14, 77), könne die Verkündigung der Kirche wieder glaubhaft werden.

Ab dem zweiten Kurs unterstützte ein Bruderhaus die Arbeit im Seminar. Es bestand aus einer Gruppe von unverheirateten

Männern, die sich ganz auf die Begleitung der Kandidaten und den Kontakt mit den Ehemaligen konzentrieren konnten und so den Zusammenhalt unter den Brüdern kontinuierlich sicherten. Auch Freizeiten der Ehemaligen wurden von ihnen organisiert. Zum Bruderhaus gehörten durchgängig Eberhard Bethge und Fritz Onnasch, der später für den fünften Kurs als Nachfolger Rotts die Stelle des Studieninspektors übernahm.

Wichtigste Verbindung zu den Ehemaligen waren die etwa monatlich erscheinenden Rundbriefe, die vom Bruderhaus verantwortet wurden. Sie berichteten über die Arbeit der ehemaligen Brüder in den Gemeinden, aber auch über diejenigen, die wegen ihrer Ablehnung des nationalsozialistischen Regimes ins Gefängnis gekommen waren, an der Front kämpften oder gefallen waren. Die Briefe riefen zum Gebet füreinander auf, berichteten über die aktuelle Arbeit im Predigerseminar und ermutigten die früheren Mitglieder, am dort Gelernten festzuhalten. Beigelegte Predigtmeditationen sollten trotz räumlicher Trennung die gemeinsame Arbeit an einer Predigt möglich machen. Außerdem enthielten die Rundbriefe Stellungnahmen zu aktuellen Fragen und informierten darüber, welche Bibeltexte als Grundlage der morgendlichen Schriftmeditation in Finkenwalde dienten, damit alle Brüder, die gegenwärtigen wie die ehemaligen, durch gemeinsame Bibelbetrachtung verbunden blieben.

Der Alltag im Predigerseminar war streng geordnet. Den Schwerpunkt der theologischen Vorlesungen und Übungen bildeten Veranstaltungen über das Neue Testament, die in Bonhoeffers Buch *Nachfolge* eingingen, sowie zur Praktischen Theologie. Bei dieser ging es um Predigtlehre, Katechese (christlichen Kinder- und Jugendunterricht) und Seelsorge. Aber auch das Alte Testament und zentrale Fragen der Kirchenverfassung, der reformatorischen Bekenntnisschriften und der Dogmatik wurden behandelt.

Neben der theologischen Ausbildung war das gemeinsame geistliche Leben zentral. Es gab feste Zeiten zur gemeinsamen Andacht morgens und abends, zur Schriftmeditation sowie zum gemeinschaftlichen Singen geistlicher Lieder. Bethge berichtet, Bonhoeffers Regel, jeden Morgen müsse jeder eine halbe Stunde für sich meditieren, sei den Kandidaten besonders schwer gefallen. Bei einer Aussprache darüber

> erklärten [einige], sie schliefen ein; andere, sie arbeiteten in dieser halben Stunde an der Predigt, sie wüßten sonst absolut nichts mit der Zeit anzufangen; wieder andere gestanden, ihnen gelinge es nicht, sich eine halbe Stunde ohne abzuschweifen zu sammeln; sie läsen Kommentare. ... Aus anderen Seminaren käme bereits der Spott, in Zingst meditiere man schon beim Zähneputzen. (Bethge, 530)

Bonhoeffer hob die Regel nicht auf, erleichterte sie aber durch eine einmal wöchentlich stattfindende gemeinsame Meditation. Außerdem hielt er die Brüder dazu an, regelmäßig die Gelegenheit zur individuellen Beichte voreinander zu nutzen. Auch sonst galten eine Reihe von Grundsätzen, die Bonhoeffer für das Zusammenleben aufgestellt hatte. Der schwierigste war wohl der, über keinen Bruder in dessen Abwesenheit zu reden.

Schnell wurde Bonhoeffer vorgeworfen, das Leben, das er in Finkenwalde versuche, sei gesetzlich. Er wehrte dies entschieden ab:

> Der Vorwurf, das sei gesetzlich, trifft mich wirklich garnicht. Was soll daran wirklich gesetzlich sein, daß ein Christ sich anschickt zu lernen, was beten ist und an dieses Lernen einen guten Teil seiner Zeit setzt? Wenn mir neulich ein führender Mann der Bekennenden Kirche gesagt hat: «für Meditation haben wir jetzt keine Zeit, die Kandidaten sollen lernen zu predigen und zu katechisieren», so ist ... das frevelhafte Unwissenheit darüber, wie eine Predigt und Katechese entsteht. Die Fragen, die heute im Ernst von jungen Theologen an uns gestellt werden, heißen: wie lerne ich beten? wie lerne ich die Schrift lesen? Entweder wir können ihnen da helfen oder wir helfen ihnen überhaupt nicht. (DBW 14, 237)

Viele der Predigerseminarkandidaten haben die Zeit in Finkenwalde als eine der prägendsten Zeiten ihres Lebens empfunden. Bonhoeffer selbst schrieb am Ende des ersten Kurses an die Teilnehmer:

> Der Sommer 1935 ist für mich, glaube ich, die beruflich und menschlich ausgefüllteste Zeit bisher gewesen. Ich habe im Zusammenleben mit Euch ... in beiderlei Hinsicht mehr gelernt als je zuvor. (DBW 14, 97 f.)

«Nachfolge»

Seit seiner Zeit in New York und dann vertieft in der Londoner Zeit hatte Bonhoeffer über die Bergpredigt aus Matthäus 5–7 nachgedacht und über die Auswirkungen, die ein konsequentes Leben nach ihr haben konnte. Die Bergpredigt war ihm dabei nicht eine Liste ethischer Prinzipien (etwa immer seine Feinde zu lieben), sondern ein Ausbuchstabieren dessen, was es bedeutet, Jesus Christus nachzufolgen. Diese nachfolgende Ausrichtung auf Jesus Christus wurde ihm im Kirchenkampf immer wichtiger. Denn angesichts der gegenwärtigen Lage, in der eine Kirche verspottet wurde, die sich fern der politischen Macht hielt, war die Besinnung darauf, wo Gott aus christlicher Sicht zu finden ist, heilsam:

> Wo ist dein Gott? so fragt man uns unruhig, zweifelnd oder höhnisch. Tod, Sünde, Not und Krieg, auch Tapferkeit, Macht und Ehre – das sieht man. Aber wo ist dein Gott? Der Tränen, die darüber fließen, daß wir Gott noch nicht sehen, daß wir ihn unsern Brüdern nicht beweisen können, braucht sich keiner zu schämen. Es sind Tränen, die um Gottes willen geweint werden und die er zählt (Psalm 56,9). Wo ist dein Gott? Was können wir antworten als auf den Mann zeigen, der sich in Leben, Sterben und Auferstehen als Gottes echter Sohn erwies, Jesus Christus. Er ist im Tode unser Leben, in Sünde unsere Vergebung, in Not unser Helfer, in Krieg unser Friede. «Auf diesen Menschen sollst du zeigen und sprechen: das ist Gott» (Luther). (DBW 14, 854)

In Finkenwalde las Bonhoeffer in allen fünf Kursen mit unterschiedlichen Akzentsetzungen über das Thema der Nachfolge. Seine letzte Vorlesung an der Berliner Universität im Winter 1935/36 hatte den gleichen Gegenstand. Indem er erklärte, was Nachfolge bedeutet, beschrieb er zugleich, wie christliches Leben in der Situation des Kirchenkampfes auszusehen hat. Daher hofften die Finkenwalder Studenten, dass er aus seinen Vorlesungen ein Buch machen würde. Zu seinem Geburtstag am 4. Februar 1937 wurde, wie der Rundbrief vom März 1937 berichtet, das «Wünschen ... diesmal umgedreht und der 4. Kurs hatte auf seinen Wunschzettel ... gesetzt: 1. Die ‹Nachfolge› möchte doch noch vor unserer Emeritierung erscheinen ...» (DBW 4, 12). Erschienen ist sie zum Jahresende 1937. Sie gehört zu den weltweit am meisten gelesenen Büchern Bonhoeffers.

Das Buch beginnt mit der Ermahnung, sich nicht mit «billiger Gnade» zufriedenzugeben:

> Billige Gnade ist der Todfeind unserer Kirche. Unser Kampf heute geht um die teure Gnade. Billige Gnade heißt Gnade als Schleuderware, verschleuderte Vergebung, verschleuderter Trost, verschleudertes Sakrament; ... Gnade ohne Preis, ohne Kosten. ... Es lebe also auch der Christ wie die Welt, er stelle sich der Welt in allen Dingen gleich und unterfange sich ja nicht ... unter der Gnade ein anderes Leben zu führen als unter der Sünde! ... Billige Gnade ist die Gnade, die wir mit uns selbst haben. (DBW 4, 29 f.)

Im Christsein geht es um die teure Gnade:

> Teure Gnade ist der verborgene Schatz im Acker, um dessentwillen der Mensch hingeht und mit Freuden alles verkauft, was er hatte; die köstliche Perle, für deren Preis der Kaufmann alle seine Güter hingibt; ... der Ruf Jesu Christi, auf den hin der Jünger seine Netze verläßt und nachfolgt. ... Teuer ist sie, weil sie in die Nachfolge ruft, Gnade ist sie, weil sie in die Nachfolge *Jesu Christi* ruft; teuer ist sie, weil sie dem Menschen das Leben kostet, Gnade ist sie, weil sie ihm so das Leben erst schenkt ... Teuer ist die Gnade vor allem darum, weil sie Gott teuer gewesen ist, weil sie Gott das Leben seines Sohnes gekostet hat ... und weil uns nicht billig sein kann, was Gott teuer ist. (DBW 4, 30 f.)

Mit der Rede von der teuren Gnade wendet sich Bonhoeffer gegen ein Missverständnis von Martin Luthers Rechtfertigungslehre. In deren Zentrum steht die Aussage, dass Gott den Menschen «allein aus Gnade» rechtfertigt. Dies bedeutet: Der Mensch muss und kann nichts dafür tun, um von Gott angenommen zu werden. Kein gutes moralisches Werk, keine religiöse Tat kann Gottes Annahme bewirken. Gott nimmt den Menschen ohne Vorbedingung an, allein aus Gnade. Der Mensch muss dies nur glauben, das heißt seinerseits anerkennen. Nur in diesem Glauben ist er nach Luther in der Lage, ohne die Suche nach eigenem Vorteil die Gebote Gottes zu erfüllen, also gehorsam zu sein. Bonhoeffer bringt Luthers Lehre auf die Formel:

«Nur der Glaubende ist gehorsam» (DBW 4, 52). Das Missverständnis liegt nach Bonhoeffer nun in der Folgerung, auf Gottes Gnade müsse kein verändertes Handeln folgen, kein Gehorsam. «Weil Gnade doch alles allein tut, darum kann alles beim alten bleiben.» (DBW 4, 29) Glaube und Gehorsam werden so voneinander getrennt. Bonhoeffer schärft dagegen ein, dass Glaube und Gehorsam unmittelbar zusammengehören. Ohne Gehorsam, ohne dass der Mensch nach dem Willen Gottes lebt, existiert auch kein Glaube. Nachfolge ist somit die Situation, in der beides gilt: «*Nur der Glaubende ist gehorsam*, und *nur der Gehorsame glaubt.*» (DBW 4, 52) Es ist eine Illusion zu denken, dass der Glauben kein verändertes Leben nach sich ziehen muss.

Von diesem Grundgedanken aus legt Bonhoeffer zunächst verschiedene neutestamentliche Geschichten davon aus, wie Jesus Menschen in seine Nachfolge gerufen hat. Sie sprechen vom Gehorsam, den der Mensch leisten muss, vom Leiden, das die Nachfolge bedeutet, und von der Vereinzelung durch Jesu Ruf. So führen sie die Radikalität der Christusnachfolge vor Augen:

> Der Gerufene verläßt alles, was er hat, ... weil er sonst nicht hinter Jesus hergehen kann. ... Aus den relativen Sicherungen des Lebens heraus in die völlige Unsicherheit (d. h. in Wahrheit in die absolute Sicherheit und Geborgenheit der Gemeinschaft Jesu); aus dem Übersehbaren und Berechenbaren (d. h. dem in Wahrheit ganz Unberechenbaren) in das gänzlich Unübersehbare, Zufällige (d. h. in Wahrheit in das einzig Notwendige und Berechenbare); aus dem Bereich der endlichen Möglichkeiten (d. h. in Wahrheit der unendlichen Möglichkeiten) in den Bereich der unendlichen Möglichkeiten (d. h. in Wahrheit in die einzige befreiende Wirklichkeit) ist der Jünger geworfen. Das ist wiederum kein allgemeines Gesetz; vielmehr das genaue Gegenteil von aller Gesetzlichkeit. Es ist abermals nichts anderes, als die Bindung an Jesus Christus allein. (DBW 4, 46 f.)

Den Hauptteil des Buches bildet eine Interpretation der Bergpredigt. Bonhoeffer beschreibt die besondere Lebenssituation der Jünger durch das konsequente Leben, das sie mit Jesus führen, und ihre Freiheit von weltlichen Bindungen und ermahnt und ermutigt dazu, ebenso zu leben. Er macht keinen Hehl daraus, wie hoch der Preis ist, den ein Mensch in der Nachfolge

Christi zahlen muss, betont aber immer wieder, dass das Opfer sich lohnt, weil der Nachfolgende nicht allein ist – er hat Christus und er hat die Gemeinschaft der Jünger.

Im zweiten Teil der *Nachfolge* erörtert Bonhoeffer das Problem, dass Jesus heute lebenden Menschen nicht mehr so wie damals den Jüngern begegnet. Auch heute geht es noch um Nachfolge, aber der Ruf in die Nachfolge und das Bleiben in der Nachfolge haben heute, nach Jesu Tod, Auferstehung und Himmelfahrt, andere Gestalt. Der Ruf in die Nachfolge ereignet sich in der Kirche, durch Predigt und Sakrament. Es ist die Kirche – so wiederholt Bonhoeffer seine frühesten Einsichten –, in der Christus heute gegenwärtig ist. Heute bedeutet die Taufe, nicht mehr den Bindungen dieser Welt zu unterstehen. Und das Bleiben in der Nachfolge ist heute das Bleiben in der Kirche, beim Leib Christi. Dabei betont Bonhoeffer: Bleiben in der Kirche heißt ein Bleiben bei der sichtbaren Kirche.

Oberflächlich betrachtet, scheint das Buch eine weltfremde Christusspiritualität zu verkünden. Doch wer genauer hinsieht, entdeckt deutliche politische Anspielungen, zum Beispiel in der für den heutigen Leser schwierigen Begrifflichkeit des «einfältigen Gehorsams» gegenüber Jesu Ruf, den Bonhoeffer gegen den damals geforderten «blinden Gehorsam» gegenüber Hitler ins Feld führt. Gegen das Aufgehen der Menschen in der Volksgemeinschaft hält Bonhoeffer fest, dass Jesus den Menschen als Einzelnen in die Nachfolge ruft.

Auch die konkrete kirchenpolitische Situation steht im Hintergrund: In der gegenwärtigen Lage geht es darum, dass die Vikare und Pfarrer der Bekennenden Kirche dem an sie ergangenen Ruf in die Nachfolge und der sichtbaren Kirche in Gestalt der Bekennenden Kirche treu bleiben. Deshalb behandelt Bonhoeffer Themen wie Feindesliebe, Eidesleistung oder Widerstandsrecht, die in der aktuellen Situation dringlich waren. Das in einem radikalen und strengen Ton geschriebene Buch sieht die Christen an einer Weggabelung: Jetzt entscheidet sich, wer «den schmalen Weg der kirchlichen Entscheidung in aller Gewißheit» (DBW 4, 24) geht, das heißt den Beschlüssen der Bekenntnissynoden von Barmen und Dahlem treu bleibt und sich damit an die allein rechte sichtbare Kirche hält, und wer sich zum Kompromiss, zum Abfall aus der Nachfolge verleiten lässt.

Druck auf die Bekennende Kirche

In den ersten Monaten des Predigerseminars verschlechterte sich die Lage der Bekennenden Kirche erheblich. Seit Beginn des Jahres 1935 standen die Finanzen der Kirchen der Altpreußischen Union unter staatlicher Aufsicht. Kirchliche Streitsachen mussten vor einer Beschlussstelle im Innenministerium verhandelt werden. Überdies war ein Ministerium für kirchliche Angelegenheiten mit Hanns Kerrl als Leiter eingerichtet worden, das umgehend Kirchenausschüsse einsetzte, in denen die verschiedenen kirchlichen Strömungen zusammenarbeiten sollten. Bonhoeffer unterschrieb in diesem Kontext einen Aufruf «An unsere Brüder im Amt», in dem klargemacht wurde, dass diese Maßnahmen im Widerspruch zu den Beschlüssen von Barmen und Dahlem standen. Jede Möglichkeit zur kompromissbereiten Zusammenarbeit mit dem Staat sei abzulehnen. Die Bereitschaft etlicher in der Bekennenden Kirche, in den vom Staat geschaffenen Strukturen mitzuarbeiten, hielt Bonhoeffer für falsch. An Martin Niemöller schrieb er in dieser Lage, es sei «an der Zeit, einen Notbund im Notbund zu schaffen» (DBW 14, 65).

Mehrfach äußerte sich das Predigerseminar gegenüber den Leitungsorganen der Bekennenden Kirche zu kirchenpolitischen Angelegenheiten, etwa anlässlich einer vom Staat anberaumten «Totenauferstehungsfeier» am 9. November 1935 für die beim Hitlerputsch des Jahres 1923 in München «Gefallenen», an der die Kirchen durch eine Flaggenverordnung teilnehmen mussten. Die Seminaristen forderten den Bruderrat der Altpreußischen Union auf, dazu nachträglich «ein weisendes Wort» zu sprechen, das den Pfarrern der Bekennenden Kirche deutlich macht: «Ein klares Bekenntnis anläßlich dieses Tages hätte in der deutlichen Abgrenzung der christlichen Auferstehungshoffnung von dieser völkisch-idealistischen Auferstehungsidee bestehen müssen.» (DBW 14, 95)

Besonders weitreichende Auswirkungen auf die Arbeit der Bekennenden Kirche hatte die «Fünfte Verordnung zur Durchführung des Gesetzes zur Sicherung der Deutschen Evangelischen Kirche». Durch das Kirchenministerium am 2. Dezember 1935 erlassen, verbot sie Stellenbesetzungen, Abkündigungen und Kollekten, Prüfungen und Ordinationen durch die Bekennende Kirche. Seitdem bewegte sich die Arbeit der Predigerseminare an der Grenze zur Illegalität. Die ehemaligen Brüder wurden angesichts der sich zuspitzenden Situation durch das Bruderhaus ermutigt:

> Lasset Euch unter keinen Umständen irre machen durch die Rede, wir seien eine «Bewegung» aber keine Kirche. Damit ist alles in Barmen und Dahlem Gesagte aufgegeben, wir stehen damit in der Linie der Glaubens*bewegung*, Deutsche Christen. Wir sind eben keine Bewegung, sondern die Kirche Jesu Christi. (DBW 14, 102)

Die Bekenntnissynode vom 17. bis 22. Februar 1936 in Bad Oeynhausen lehnte die Mitarbeit in den vom Staat eingesetzten Ausschüssen zwar ab, verbot sie aber auch nicht. Denn gegen ein Verbot der Mitarbeit in den staatlichen Ausschüssen wurde innerhalb der Bekennenden Kirche eingewandt, dies wäre «reformierte ‹Gesetzlichkeit›» (DBW 14, 701), aus lutherischer Sicht könnten kirchliche Ordnungen so oder anders gestaltet werden. Bonhoeffer hielt dagegen, dass die Ordnungen der Kirche um der Verkündigung willen da sind und allein am Bekenntnis der Kirche ausgerichtet sein müssen. Die Kirchenausschüsse seien nicht rechtmäßig, weil nicht von der Kirche, sondern von außen eingesetzt.

Auch die Bruderschaften von Finkenwalde und zwei weiteren Seminaren protestierten, als sich 1936 immer mehr Mitglieder der Bekennenden Kirche zur Zusammenarbeit mit den Ausschüssen entschlossen (übrigens auch ehemalige Finkenwalder):

> Es ist erschreckend, wie viele unserer Brüder, die zu Barmen und Dahlem Ja gesagt haben, in aller Stille den Bruderräten und der Vorläufigen Kirchenleitung den Gehorsam verweigern und sich den staatlichen Ausschüssen zuwenden. Mit Schrift und Bekenntnis kann man das nicht begründen. Man will es vielleicht auch gar nicht mehr.

Das ist nichts anderes als zuchtloser Abfall. ... Allein in Glauben und Gehorsam hatte die Kirche den ihr verordneten Kampf aufgenommen. Allein vom Wort ließ sie sich leiten. Gern gab sie für ihren Herrn alles Sorgen, alle Sicherheit, alle Freundschaft der Welt hin. ... Und heute wollen wir weichen um der Freundschaft der Welt willen, wollen die Verheißung verkaufen um das Linsengericht einer gesicherten Zukunft?! Wir machen ja die Botschaft unserer Kirche durch unser eigenes Handeln unglaubwürdig! (DBW 14, 170)

In seinen sonstigen kirchenpolitischen Positionierungen blieb Bonhoeffer ebenfalls scharf. Im Frühjahr 1936 veröffentlichte er einen Aufsatz «Zur Frage nach der Kirchengemeinschaft». Darin diagnostiziert er, dass sich die «Reichskirchenregierung ... von der christlichen Kirche geschieden [hat]. Die Bekennende Kirche ist die wahre Kirche Jesu Christi in Deutschland.» (DBW 14, 668) Und deshalb gilt: «Wer sich wissentlich von der Bekennenden Kirche in Deutschland trennt, trennt sich vom Heil.» (DBW 14, 676) Vor allem dieser Satz löste heftige Diskussionen aus. Bonhoeffer gab zu bedenken, dass, falls die Bekennende Kirche nicht die allein wahre Kirche wäre,

nicht einzusehen [wäre], warum junge Theologen ihre Existenz aufs Spiel setzen sollen, um von der Bekennenden Kirche geprüft, ordiniert und ins Pfarramt gewiesen zu werden; ... [und dass dann] das Leiden der gefangenen und ausgewiesenen Brüder um dieser Sache willen nicht mehr Leiden um Christi und seiner Sache willen [wäre]. ... Entweder ist die Barmer Erklärung ein wahres Bekenntnis zu dem Herrn Jesus, das durch den Heiligen Geist gewirkt ist, – dann hat es kirchenbildenden und kirchenspaltenden Charakter; oder es ist eine unverbindliche Meinungsäußerung etlicher Theologen, dann ist die Bekennende Kirche seitdem auf einem verhängnisvollen Irrweg. (DBW 14, 693. 696)

Bonhoeffers stark kritisierter Satz wollte aber nicht Menschen vom Heil ausschließen, sondern die deutschchristliche Kirchenleitung bloßstellen. Die Gemeinde ist mitbetroffen,

nur sofern sie sich *wissend* zu den Irrlehrern hält ... Solange noch die berechtigte Möglichkeit besteht, sie eines besseren zu belehren, rechnen wir sie zu Gliedern der rechtmäßigen Kirche, sprechen sie als zu uns gehörig an. (DBW 14, 191)

Im März 1936 reiste Bonhoeffer mit den Finkenwalder Seminaristen nach Dänemark und Schweden, eingeladen durch den schwedischen Ökumenischen Rat. Anlässlich der Aufmerksamkeit, die diese Reise ökumenisch erfahren würde, schrieb Auslandsbischof Theodor Heckel warnend an den für Finkenwalde zuständigen Landeskirchenausschuss:

> Da der Vorwurf gegen ihn erhoben werden kann, daß er Pazifist und Staatsfeind ist, dürfte es angebracht sein, daß der Landeskirchenausschuß sich deutlich distanziert und Maßnahmen ergreift, daß nicht länger deutsche Theologen von ihm erzogen werden. (DBW 14, 126)

Seit einiger Zeit schon stand auf staatlicher Seite im Raum, dass Bonhoeffer nicht Leiter eines nahezu illegalen Predigerseminars sein und gleichzeitig an der Berliner Universität als Privatdozent lehren dürfe. Am 5. August 1936 wurde ihm vom Reichsminister für Wissenschaft die Lehrerlaubnis als Privatdozent an der Berliner Universität mit genau dieser Begründung entzogen.

Während der Finkenwalder Arbeit informierte Bonhoeffer durchgängig Repräsentanten der Ökumene im Ausland über die Lage in Deutschland und versuchte einen regelmäßigen ökumenischen Austausch zwischen Kandidaten der Bekennenden Kirche und ausländischen Kirchen ins Leben zu rufen, um auch von außen Unterstützung zu erfahren. Dabei bestand er mehrfach darauf,

> daß sich in jedem Gespräch mit ihr [der Bekennenden Kirche] die kirchliche Solidarität darin bekundet, daß der Gesprächspartner nicht zugleich mit ihr und mit den von ihr verworfenen Kirchen der Irrlehre das Gespräch aufnimmt, ja daß auch für den ökumenischen Gesprächspartner dort das Gespräch endgültig abgebrochen ist, wo sie es in kirchlicher Verantwortung für abgebrochen erklärt. (DBW 14, 383)

Im Ausland fand dies meist keine Zustimmung. Man witterte hinter Bonhoeffers Forderungen «eine Theologie ..., die sich für absolut erklärt» (Hans Schönfeld, Leiter der Forschungsabteilung des Ökumenisches Rates, DBW 14, 48). Bonhoeffer und andere Vertreter der Bekennenden Kirche waren konsequent und blieben der Sitzung des Weltbundes und des Ökumenischen

Rates im August 1935 in Chamby fern, weil auch die Reichskirche dazu eingeladen wurde.

Zur Konferenz des Ökumenischen Rates ein Jahr später am selben Ort fuhr Bonhoeffer dann doch. Erneut gab es Auseinandersetzungen um die Modalitäten der deutschen Teilnahme. Schließlich nahmen drei deutsche Delegationen teil: eine der Bekennenden Kirche, eine des 1934 gegründeten Lutherischen Rates und eine der Reichskirche. Bonhoeffer selbst sagte auf der Konferenz, resigniert angesichts der fehlenden ökumenischen Klarheit, kein einziges Wort.

Am 29. August 1937 wurden die Predigerseminare vom Reichsführer SS Heinrich Himmler verboten. Bonhoeffers Seminar in Finkenwalde wurde am 28. September 1937 von der Gestapo versiegelt.

8. Der Weg in die Illegalität, 1937–1940

Die neue Form des Seminars

Das Finkenwalder Predigerseminar war seit dem Sommer 1937 geschlossen und die Vikarsausbildung durch die Bekennende Kirche nun ausdrücklich verboten. Doch Bonhoeffer bildete weiter Vikare aus. Dabei war er sich angesichts der häufiger werdenden Verhaftungen evangelischer und katholischer Pfarrer des wachsenden Risikos dieser Tätigkeit sehr bewusst. Am 1. Juli 1937 war sogar Martin Niemöller, einer der prominentesten Männer der Bekennenden Kirche, verhaftet worden. An seinen Bruder Karl-Friedrich schrieb Bonhoeffer im November 1937 angesichts der Sorgen der Mutter wegen seiner Tätigkeit:

> Es tut mir immer leid, wenn Mama so beunruhigt ist und andre noch in diese Unruhe mit hineinzieht. Es liegt aber tatsächlich gar kein Grund dafür vor. Daß es mir durch den Erlaß von Himmler einmal ebenso gehen kann wie es bereits Hunderten ergangen ist, *darf* uns wirklich nicht mehr beunruhigen. Die Sache der Kirche können wir nicht durchhalten ohne Opfer. Ihr habt ja im Krieg wesentlich mehr eingesetzt. Warum sollten wir es für die Kirche nicht auch tun? Und warum will man uns davon abbringen? Es reißt sich bestimmt keiner von uns ums Gefängnis. Aber wenn es kommt, dann ist es doch – hoffentlich jedenfalls – eine Freude, weil die Sache sich lohnt. – Anfang nächster Woche fangen wir wieder an. (DBW 14, 303)

Ab Anfang Dezember 1937 wurde die Ausbildung in zwei Pfarrhäusern in Köslin und Groß-Schlönwitz in Hinterpommern fortgesetzt. Ab April 1939 wurde die zweite Gruppe in den nahe gelegenen Sigurdshof verlegt, weil das Groß-Schlönwitzer Pfarrhaus vom neuen Pfarrer benötigt wurde. Man wählte die Form der Sammelvikariate, bei denen die Kandidaten offiziell als «Lehrvikare» bei Pastoren gemeldet waren, die noch ein offizielles Pfarramt hatten, aber der Bekennenden Kirche anhingen. Die Kandidaten halfen in den Gemeinden mit, lebten aber überwiegend gemeinsam in den beiden Pfarrhäusern, um an einem Leben wie dem in Finkenwalde teilzunehmen – was natürlich verheimlicht werden musste. In jedem der beiden Pfarrhäuser wohnten, wieder für fünf Halbjahre, je sechs bis neun Kandidaten. Das Sammelvikariat in Köslin kam allerdings im Winter 1939/40 wegen des Kriegsbeginns und der Einberufungen zur Wehrmacht nicht mehr zustande. Studieninspektor in Groß-Schlönwitz war Eberhard Bethge, in Köslin Fritz Onnasch. Unterstützt wurden die Sammelvikariate durch die beiden zuständigen Superintendenten: in Köslin durch Friedrich Onnasch, den Vater des Kösliner Studieninspektors, und in Schlawe durch Eduard Block. Beide übernahmen die Verantwortung für die Lehrvikare gegenüber staatlichen und kirchlichen Stellen. Bonhoeffer bekam bei Block formell eine Anstellung als «Hilfsprediger». Am 18. März 1940 wurden auch diese beiden Sammelvikariate von der Gestapo geschlossen.

Inhaltlich wiederholte Bonhoeffer in den Sammelvikariaten die Vorlesungen aus Finkenwalde. Für die Kandidaten war auch diese Zeit bewegend. Einer von ihnen schrieb rückblickend an Bonhoeffer:

> Ich bin nicht gern und hoffnungsfroh nach Schlönwitz gekommen. ... Ich habe mit Schaudern dieser Zeit körperlicher und geistiger Enge entgegen gesehen. Sie war mir ein notwendiges Übel, in das man mit Anstand zu gehen und aus Gründen der Selbstdisziplin mit Anstand hinter sich zu bringen hatte. ... Es ist dann alles anders gekommen, als ich gefürchtet hatte. Statt in die muffige Luft theologischen Muckertums kam ich in eine Welt, die vieles vereinte, was ich liebe und brauche: saubere theologische Arbeit in einer kameradschaftlichen Gemeinsamkeit, die das eigene Unvermögen nie verletzend merken ließ, sondern die Arbeit zur Freude machte; – wahrhafte Bruderschaft unter dem Wort, die alle einte «ohne Ansehen der Person» – dabei doch Aufgeschlossenheit und Liebe zu allem, was auch diese gefallene Schöpfung noch liebenswert macht: Musik, Literatur, Sport und Schönheit der Erde. (DBW 15, 129 f.)

Da es die Ausbildungsarbeit offiziell nicht mehr geben durfte, schrieb Bonhoeffer in diesen Jahren jeden Rundbrief an die Ehemaligen selbst, überschrieben als «Persönlicher Brief».

Für Bonhoeffer selber wurde die Situation seit Januar 1938 schwieriger. Wegen der Teilnahme an einer Veranstaltung der Bekennenden Kirche in Berlin, die die Gestapo fälschlicherweise für das verbotene Abhalten einer theologischen Vorlesung hielt, wurde ihm am 11. Januar 1938 zusammen mit den anderen auswärtigen Anwesenden der Aufenthalt in Berlin verboten. Nur für familiäre Besuche erhielt er, nach Einspruch seines Vaters, eine Ausnahmegenehmigung.

«Gemeinsames Leben»

Dietrich Bonhoeffer brachte seine Vorstellung von einem gemeinsamen geistlichen Leben in Finkenwalde nach dessen Schließung in Buchform und veröffentlichte sie 1939 unter dem Titel *Gemeinsames Leben*. Denn es handele sich bei dem in Finkenwalde Versuchten «nicht um eine Angelegenheit privater Zirkel, sondern um eine der Kirche gestellte Aufgabe» (DBW 5, 14). Wie die *Nachfolge* fand *Gemeinsames Leben* später Verbreitung in zahlreichen Sprachen.

Gleich einer der ersten Sätze des Buches bringt die Bedrängnis der Kirchenkampfsituation zum Ausdruck: «Es ist nichts Selbstverständliches für den Christen, daß er unter Christen leben darf.» Denn eigentlich gehöre «der Christ nicht in die Abgeschiedenheit eines klösterlichen Lebens, sondern mitten unter die Feinde. Dort hat er seinen Auftrag, seine Arbeit.» (DBW 5, 15) Mit anderen Christen leibhaftig zusammenleben zu können – wie es in Finkenwalde möglich war – ist Gnade. Wichtig ist Bonhoeffer, dass die Gemeinschaft mit den anderen Christen nicht um der menschlichen Gemeinschaft willen gesucht wird, sondern um Jesu Christi willen:

> Der Christ [braucht] den Christen, der ihm Gottes Wort sagt, er braucht ihn immer wieder, wenn er ungewiß und verzagt wird; denn aus sich selbst kann er sich nicht helfen, ohne sich um die Wahrheit zu betrügen. ... Der Christus im eigenen Herzen ist schwächer als der

Christus im Worte des Bruders; jener ist ungewiß, dieser ist gewiß. (DBW 5, 19 f.)

Die christliche Gemeinschaft besteht weder in einem Ideal, das es zu verwirklichen gilt, noch in einer seelischen Gemeinschaft emotionaler Zuneigung. Sie ist bereits dadurch gegeben, dass jedes einzelne Glied der christlichen Gemeinschaft an Jesus Christus glaubt. Insofern ist sie letztlich durch Christus konstituiert. Von dieser Basis aus gilt es sie zu gestalten.

Zum Tagesablauf in der christlichen Gemeinschaft gehören nach Bonhoeffer sowohl gemeinsame wie einsame Elemente. Der Tag beginnt gemeinsam mit einem Gottesdienst am frühen Morgen:

> Die Hausgemeinschaft versammelt sich zu Lob und Dank, Schriftlesung und Gebet. Die tiefe morgendliche Stille wird erst durch das Gebet und Lied der Gemeinde durchbrochen. ... Der Anfang des Tages soll für den Christen nicht schon belastet und bedrängt sein durch das Vielerlei des Werktages. (DBW 5, 37)

Bonhoeffer macht genaue Vorschläge, wie ein solcher Morgengottesdienst zu gestalten ist: erst Psalmengebet, dann, nach einem Lied, eine Schriftlesung mit einem längeren alt- und neutestamentlichen Abschnitt. Anschließend ist zusammen zu singen. Das Ende des morgendlichen Gottesdienstes bildet ein freies Gebet. Der Abend wird mit einer weiteren gemeinsamen Andacht abgeschlossen.

Von besonderer Bedeutung für die Gemeinschaft ist die Beichte, in der ein Bruder dem anderen seine Sünde bekennt:

> In der Beichte geschieht der *Durchbruch zur Gemeinschaft*. Die Sünde will mit dem Menschen allein sein. Sie entzieht ihn der Gemeinschaft. Je einsamer der Mensch wird, desto zerstörender wird die Macht der Sünde über ihn, und je tiefer wieder die Verstrickung, desto heilloser die Einsamkeit. Sünde will unerkannt bleiben. Sie scheut das Licht. Im Dunkel des Unausgesprochenen vergiftet sie das ganze Wesen des Menschen. (DBW 5, 94)

Doch ausgesprochen vor einem Anderen verliert die Sünde ihre Macht. Statt sich selbst zu vergeben, macht der Mensch so den ersten Schritt dazu, mit seiner Sünde aufzuhören.

Bonhoeffer betont aber gleichzeitig: «*Wer nicht allein sein kann, der hüte sich vor der Gemeinschaft*» (DBW 5, 65), wobei der Satz für ihn auch umgekehrt gilt:

> Jedes für sich genommen hat tiefe Abgründe und Gefahren. Wer Gemeinschaft will ohne Alleinsein, der stürzt in die Leere der Worte und Gefühle, wer Alleinsein sucht ohne Gemeinschaft, der kommt im Abgrund der Eitelkeit, Selbstvernarrtheit und Verzweiflung um. (DBW 5, 66)

Das rechte Alleinsein zeichnet sich durch Schweigen aus, vor allem vor und nach dem Hören des Bibelwortes. In der täglichen Meditationszeit soll sich der Mensch dem biblischen Text so aussetzen, dass er darauf wartet, was der Text ihm persönlich sagt. In dieser Zeit geht es ausdrücklich nicht um Selbstbetrachtung oder Selbstreflexion: «Zur Selbstbeobachtung ... ist in der Meditation ebenso wenig Zeit wie im christlichen Leben überhaupt.» (DBW 5, 72) Einen besonderen Schwerpunkt der Meditationszeit bildet schließlich die Fürbitte:

> Eine christliche Gemeinschaft lebt aus der Fürbitte der Glieder füreinander, oder sie geht zugrunde. Einen Bruder, für den ich bete, kann ich bei aller Not, die er mir macht, nicht mehr verurteilen oder hassen. Sein Angesicht, das mir vielleicht fremd und unerträglich war, verwandelt sich in der Fürbitte in das Antlitz des Bruders, um dessentwillen Christus starb, in das Antlitz des begnadigten Sünders. (DBW 5, 73)

Ob Gemeinschaft und Alleinsein recht waren, merkt der Mensch daran, ob er daraus mutig, frei und gestärkt für die Arbeit des Tages hervorgeht.

Die Krise der Bekennenden Kirche

Die Bekennende Kirche kam in eine schwere Krise, als anlässlich des Geburtstags von Adolf Hitler am 20. April 1938 alle Pfarrer der Altpreußischen Union aufgefordert wurden, einen Treueid auf Hitler abzulegen. Amtsträger könne weiterhin nur sein, so der Leiter der Berliner Kirchenkanzlei, wer «in unverbrüchlicher Treue zu Führer, Volk und Reich steht». Die geforderte Eidesformel lautete:

> Ich schwöre: Ich werde dem Führer des Deutschen Reiches und Volkes, Adolf Hitler, treu und gehorsam sein, die Gesetze beachten und meine Amtspflichten gewissenhaft erfüllen, so wahr mir Gott helfe. (Zitiert nach Bethge, 677)

Wer den Eid nicht leiste, sei zu entlassen.

Innerhalb der Bekennenden Kirche wurde man sich nicht einig, wie man sich zu verhalten habe. War es eine staatliche Forderung, der man uneingeschränkt Folge zu leisten hatte, oder eine kirchliche der unrechtmäßigen Kirchenleitung, der man sich widersetzen musste? Die 6. Bekenntnissynode der Altpreußischen Union beschloss, der Eid sei zu leisten, weil es sich um eine staatliche Anordnung handele. Im Nachhinein, als eine Mehrzahl der Pfarrer den Eid bereits abgelegt hatte, stellte sich – empörend für viele – heraus, dass die nationalsozialistische Führung ihn als rein kirchliche Angelegenheit betrachtet hatte.

Als nicht fest in einer Gemeinde angestellter Pfarrer war Bonhoeffer von dieser Regelung nicht betroffen. Aber er bezog deutlich Position: Indem die Synode die Brüder dazu angewiesen hat, den Eid zu leisten, hat sie gegen die Achtung der Gewissensfreiheit des Einzelnen und die brüderliche Liebe zu den Schwachen verstoßen.

> Die Zertrennung, die damit in der B. K. angerichtet ist, ist – menschlich – nicht wieder gutzumachen. ... Ich kann die Schuld, die die B. K. durch die «*Weisung*» zur Eidesleistung auf sich geladen hat, nur als die Folge eines Weges ansehen, auf dem der Mangel an Vollmacht, an Bekenntnisfreudigkeit, Glaubensmut und Leidensbereitschaft schon längere Zeit mitten unter uns spürbar geworden ist. (DBW 15, 56)

Bonhoeffers Stellung innerhalb der Bekennenden Kirche wurde wegen solcher und ähnlicher Kritiken immer isolierter. Auch den Versuch, im Anschluss an diese Krise das Verhältnis zwischen Bekennender Kirche, den «intakten» lutherischen Kirchen in Württemberg und Bayern und den so genannten Neutralen durch den «Entwurf einer Ordnung zur Bestellung einer Kirchenleitung» zu verbessern, lehnte Bonhoeffer als Kompromiss ab, unter anderem weil es keinerlei Bezüge auf Barmen und Dahlem gab. Hier werde gegen Gottes klare Weisung gehandelt. Nach der Eideskrise habe man «ein anderes, ein geistlicheres Wort unserer Kirchenleitung erwartet. Was uns nun angeraten wird, ist die Selbstaufgabe der Bekennenden Kirche. Hier werden wir nicht mehr folgen.» (DBW 15, 67)

Am 9. November 1938, als in der Pogromnacht jüdische Synagogen, Häuser und Geschäfte zerstört wurden, unterstrich Bonhoeffer in seiner Bibel Psalm 74, Vers 8 b: «Sie verbrennen alle Häuser Gottes im Lande», und notierte das Datum «9.11.38» daneben. Den nachfolgenden Vers 9 «Unsere Zeichen sehen wir nicht, kein Prophet ist mehr da, und keiner ist bei uns, der etwas weiß» versah er mit Strich und Ausrufezeichen – ein deutlicher Ausdruck dafür, dass er von der Kirche in dieser dramatischen Situation nicht mehr viel erwartete.

Seitdem die Haltung der Bekennenden Kirche unklarer geworden war, sah sich Bonhoeffer regelmäßig von Anfragen ehemaliger Finkenwalder bedrängt, was sie denn nun tun sollten. Bonhoeffer riet dazu, auf dem bisherigen, konsequenten Weg zu bleiben. In einem «Persönlichen Brief» an die Brüder schrieb er im November 1938:

Wir meinen besonders verantwortlich zu handeln, wenn wir alle paar Wochen aufs neue die Frage prüfen, ob auch der angefangene Weg der rechte gewesen sei. Dabei ist es besonders auffallend, daß solche «verantwortliche Prüfung» immer gerade dann einsetzt, wenn sich ernste Schwierigkeiten zeigen. Wir reden uns dann ein, wir hätten nicht mehr «die rechte Freudigkeit und Gewißheit zu diesem Wege» oder, was noch schlimmer ist, Gott sei nicht mehr mit seinem Wort in der alten Klarheit bei uns, und im Grunde versuchen wir mit alldem doch nur um das herumzukommen, was das Neue Testament «Geduld» und «Bewährung» nennt. Paulus hat jedenfalls nicht angefangen, über die Richtigkeit seines Weges zu reflektieren, wenn Widerstände und Leiden drohten, Luther auch nicht, sondern sie sind wohl grade darin ganz gewiß und froh geworden, in der Nachfolge und Gemeinschaft ihres Herrn zu stehen. Liebe Brüder, unsre wirkliche Not ist garnicht der Zweifel an unserem angefangenen Weg, sondern unser Versagen in der Geduld, im Drunter-bleiben. (DBW 15, 81 f.)

Umso erschütternder war es jedes Mal für Bonhoeffer, wenn ihn ein ehemaliger Finkenwalder über seine Legalisierung, das heißt die Rückkehr zum Konsistorium der Deutschen Evangelischen Kirche, in Kenntnis setzte und seine Entscheidung Bonhoeffer gegenüber begründete:

> Es hat [für meine Legalisierung] sicher auch die Wandlung der Lage mitgesprochen, die darin besteht, daß viele einstige D. C. [Deutsche Christen] heute rechte Prediger sind, daß das Kirchenregiment, das Konsistorium heute weniger häretisch als tyrannisch ist ... Endlich gebot mir die Einsicht Halt, daß ich die verfaßte Kirche auf diesem Wege aufgeben müßte, weil meine Arbeit nur noch in den Kreisen der B. K.-Gemeinden möglich war. Ich glaubte aber, daß die Preisgabe der verfaßten Kirchen noch nicht geboten war, sondern daß heute noch jedes Warten aus Luk. 13,6 ff. gelten müsse. Denn zum Dienst in diesen Gemeinden, zu ihrer Wahrung und Erbauung weiß ich mich berufen, nicht nur zum Dienst an den B. K.-Kreisen. ... Endlich mußte ich sehen, daß «der Weg zum Konsistorium» nicht notwendig ein Verleugnen und ein Ohne-Glauben-Handeln sein müßte. Das haben meine persönlichen Verhandlungen in diesen Wochen ... bestätigt. Gewiß sind die Männer dort «gebunden», theologisch wenig qualifiziert zur Kirchenleitung. Aber sie verlangen nichts bei der Legalisierung, was ich als «gegen den Glauben» oder «gegen die Wahrheit» ablehnen müßte. Wenn das stimmt, verliert der Protest gegen das Konsistorium an dieser Stelle für mich jene Notwendigkeit, die er haben müßte, wenn ich um seinetwillen auf Pfarramt, verfaßte Kirche, Gemeinschaft mit vielen gleichglaubenden Brüdern usw. verzichten und alle Leiden ertragen sollte. ... So sehe ich ... keine Möglichkeit mehr, auf dem bisherigen Wege der B. K. zu bleiben. Ob ich *in* der B. K. bleibe, muß diese selbst entscheiden; ob in der Finkenwalder Bruderschaft, das ist meine Bitte und Frage an Sie. (Gerhard Krause, zitiert nach DBW 15, 153 f.)

Die Antwort war für Bonhoeffer klar.

Eine kurze Besserung der Situation der Bekennenden Kirche trat in Bonhoeffers Augen durch die 7. Bekenntnissynode der Altpreußischen Union im Januar 1939 ein, die endlich wieder ein deutliches Wort gegen die Zusammenarbeit mit den staatskirchlichen Behörden sprach. Bonhoeffer reagierte erfreut: «Der neue Anfang, der uns durch Gottes Güte wider alles Erwarten in letzter Zeit geschenkt worden ist, hat uns von einem dumpfen Druck befreit.» (DBW 15, 146)

Ausweg USA?

Dietrich Bonhoeffers Zwillingsschwester Sabine war Anfang September 1938 mit ihrem Mann Gerhard Leibholz erst in die Schweiz gegangen und dann nach London emigriert, weil er wie alle anderen «Nichtarier» sich immer stärkeren Repressionen ausgesetzt sah. Bonhoeffer besuchte die Familie in London im März 1939 und bekam ersten Kontakt zu Willem Visser 't Hooft, dem Generalsekretär des gerade entstehenden Ökumenischen Rates der Kirchen. Zwischen beiden entwickelte sich schnell eine vertrauensvolle Freundschaft, die für Bonhoeffer in den folgenden Jahren der politischen Verschwörung von besonderer Bedeutung werden sollte. Auch mit Bischof George Bell traf sich Bonhoeffer während seines fünfwöchigen Englandaufenthaltes erneut, zum einen, um mit ihm über die aktuellsten kirchlichen Entwicklungen zu sprechen, zum anderen, um von ihm einen persönlichen Rat zu erhalten. Im Vorfeld schrieb Bonhoeffer an Bell:

> Ich denke daran, Deutschland eine Zeitlang zu verlassen. Der Hauptgrund ist die allgemeine Wehrpflicht, zu der Männer meines Alters (1906) dieses Jahr einberufen werden. Es scheint mir vom Gewissen her unmöglich, bei einem Krieg unter den gegenwärtigen Umständen mitzumachen. Andererseits hat die Bekennende Kirche als solche in dieser Hinsicht keine bestimmte Stellung bezogen und kann das wahrscheinlich nach Lage der Dinge auch nicht. So würde ich einen ungeheuren Schaden für meine Brüder verursachen, wenn ich mich an diesem Punkt widersetzen würde, was das Regime als typisch für die Feindseligkeit unserer Kirche gegen den Staat ansähe. Vielleicht das schlimmste von allem ist der militärische Eid, den ich schwören müßte. ... im Augenblick, so wie die Dinge liegen, müßte ich meiner christlichen Überzeugung Gewalt antun, wenn ich «jetzt und hier» zu den Waffen griffe. (Übers. aus dem Englischen, DBW 15, 625)

Im Anschluss an das Gespräch mit Bell traf sich Bonhoeffer mit Reinhold Niebuhr, seinem ehemaligen Lehrer aus New Yorker Zeit. Dieser nahm sofort Kontakt mit Paul Lehmann und Henry Smith Leiper auf, dem Exekutivsekretär des Federal Council of Churches in New York, damit sie Bonhoeffer in die USA einluden. Dies geschah mit der Perspektive, dass er dort – auch um der ökumenischen Kontakte der Bekennenden Kirche willen – für eine Weile in Kirche und akademischer Lehre arbeitete. Am 28. Mai 1939 gab Bonhoeffer seine Tätigkeit in den illegalen Sammelvikariaten auf; die Arbeit sollte weitergehen, aber ein Nachfolger stand zu diesem Zeitpunkt noch nicht fest.

Am 2. Juni brach Dietrich Bonhoeffer mit seinem Bruder Karl-Friedrich über London nach New York auf. Der Abschied von Deutschland fiel ihm nicht leicht. An Bethge schrieb er während des Fluges über den Ärmelkanal: «Die Gedanken sind zwischen Euch und der Zukunft. Mach's gut. Grüß die Brüder alle. Sie halten jetzt Abendandacht! Gott mit Euch allen!» (DBW 15, 179)

Die Zweifel, ob seine Entscheidung richtig war, begleiteten Bonhoeffer schon auf der Überfahrt. Er dachte fortwährend an die Situation in Deutschland und die Situation der Brüder. In seinem Tagebuch hielt er während der Reise fest:

> Heute ist Sonntag. Kein Gottesdienst. Die Stunden haben sich auch schon so verschoben, daß ich an Eurem Gottesdienst nicht zugleich teilnehmen kann. Aber ich bin ganz bei Euch, heute mehr denn je. Wenn nur die Zweifel am eigenen Weg überwunden wären. Das eigene Suchen nach des Herzens Grund, der doch unergründlich ist – «Er kennt ja unsers Herzens Grund». – Wenn das Durcheinander der Anklagen und Entschuldigungen, der Wünsche und Ängste alles in uns undurchsichtig macht, dann sieht Er in aller Klarheit bis auf den Grund. Dort aber findet Er einen Namen, den Er selbst eingeschrieben hat: Jesus Christus. (DBW 15, 219)

In Amerika angekommen, führte Bonhoeffer eine Reihe von Gesprächen über eine sinnvolle Tätigkeit in den USA. Sommerkurse und Vorträge wurden möglich. Leiper bot ihm eine Tätigkeit in der Betreuung deutscher Flüchtlinge an, die für Bonhoeffer allerdings eine kurzfristigere Rückkehr nach Deutschland unmöglich gemacht hätte. Die Kriegsgefahr und die Sorge um Deutschland zerrissen ihn fast:

> Beunruhigende politische Nachrichten aus Japan. Wenn es jetzt unruhig wird, fahre ich bestimmt nach Deutschland. Ich kann nicht allein draußen sein. Das ist mir ganz klar. Ich lebe ja doch drüben. (DBW 15, 224)

Bei einem Gespräch mit Leiper am 20. Juni wurde Bonhoeffer sich schlüssig:

> Besuch bei Leiper. Damit ist wohl die Entscheidung gefallen. Ich habe abgelehnt. Man war sichtlich enttäuscht und wohl etwas verstimmt. Für mich bedeutet es wohl mehr, als ich im Augenblick zu übersehen vermag. Gott allein weiß es. (DBW 15, 228)

Und an Reinhold Niebuhr schrieb Bonhoeffer anschließend entschuldigend:

> Ich bin jetzt überzeugt, daß mein Kommen nach Amerika ein Fehler war. Diese schwierige Epoche unserer nationalen Geschichte muß ich bei den Christenmenschen Deutschlands durchleben. Ich habe kein Recht, an der Wiederherstellung des christlichen Lebens in Deutschland nach dem Kriege mitzuwirken, wenn ich nicht die Prüfungen dieser Zeit mit meinem Volk teile. Meine Brüder in der Bekenntnissynode wünschten, daß ich ging. Vielleicht hatten sie recht, mich dazu zu drängen; aber von mir war es falsch, fortzugehen. Eine derartige Entscheidung muß jeder Mensch für sich selbst treffen. Die Christen in Deutschland werden vor der furchtbaren Alternative stehen, entweder die Niederlage ihrer Nation zu wollen, damit die christliche Zivilisation überlebe, oder den Sieg ihrer Nation zu wollen und damit unsere Zivilisation zu zerstören. Ich weiß, welches von beidem ich wählen muß; aber ich kann diese Wahl nicht treffen ... in Sicherheit ... (Übers. aus dem Englischen, DBW 15, 644)

Am 7. Juli schiffte Dietrich Bonhoeffer sich mit seinem Bruder über London wieder zurück nach Deutschland ein. Nach seiner Ankunft kehrte er umgehend nach Hinterpommern zurück, um die Arbeit in den beiden Sammelvikariaten wieder aufzunehmen. Zum letzten Mal führte Bonhoeffer einen Sammelvikariatskurs im Sigurdshof durch, bis auch dieser am 18. März 1940 von der Gestapo geschlossen wurde. Ein halbes Jahr zuvor, nur

Ausweg USA?

Abb. 8: Dietrich Bonhoeffer mit seiner Zwillingsschwester Sabine Leibholz nach seiner Rückkehr aus Amerika in London, Juli 1939.

wenige Wochen nach Bonhoeffers Rückkehr nach Deutschland, hatte am 1. September 1939 mit Hitlers Einmarsch in Polen der Zweite Weltkrieg begonnen.

9. Die Zeit der Konspiration, 1940–1943

Vorbereitungen zum Umsturz

Durch seinen Schwager, den Juristen Hans von Dohnanyi, hatte Bonhoeffer schon vor seiner Amerikareise von den Umsturzplänen im Amt Ausland/Abwehr, dem militärischen Geheimdienst, im Oberkommando der Wehrmacht unter Admiral Wilhelm Canaris und Oberst Hans Oster erfahren. Seit dem 25. August 1939 arbeitete Dohnanyi dort im Referat für Politik. Durch seine Vermittlung begann auch Bonhoeffer an den Umsturzplänen mitzuwirken. Er wurde der Außenstelle der militärischen Abwehr in München zugeordnet. Offiziell wurde behauptet, Bonhoeffers ökumenische Kontakte könnten dem militärischen Geheimdienst zur Beschaffung von Informationen über das Ausland außerordentlich nützlich sein. Bonhoeffer wurde deshalb «unabkömmlich (uk)» gestellt, so dass er nicht zum Kriegsdienst eingezogen werden konnte. Tatsächlich ging Bonhoeffers Aktivität aber in die andere Richtung: Er informierte das Ausland, genauer: vertrauensvolle Männer aus seiner ökumenischen Arbeit, über die in Deutschland laufenden Umsturzvorbereitungen. Der juristische Mitarbeiter der Abwehr Josef Müller hatte die gleiche Aufgabe gegenüber dem Vatikan. Das Wissen darum, dass es in Deutschland einen ernstzunehmenden Widerstand gab, mit angemessenen Vorstellungen über eine deutsche Nachkriegsordnung, sollte das Ausland dazu bewegen, Deutschland im Falle einer erfolgreichen Beseitigung Hitlers nicht dem Erdboden gleichzumachen.

Bonhoeffer reiste in den kommenden Jahren zu diesem Zweck dreimal in die Schweiz, zusammen mit Helmuth James Graf von Moltke, der auch bei der Abwehr arbeitete, nach Norwegen, dann nach Schweden sowie Italien. Mit verschiedenen Männern der Kirche besprach er die politische Lage einschließlich des geplanten Umsturzes, aber auch die Aufgabe der Kirche im Krieg und bei einem Wiederaufbau danach. Bonhoeffer traf unter anderem mit Karl Barth in Zürich und mit Willem Visser 't Hooft in Genf zusammen, mit George Bell im schwedischen Sigtuna und mit Repräsentanten des kirchlichen Widerstands in Norwegen. Bell vertraute er dabei so sehr, dass er ihm sogar die Namen der wichtigsten Beteiligten an der Konspiration mitteilte. Die Widerstandsgruppe um Canaris und Oster hoffte auf ein Zeichen der Alliierten, dass man Deutschland nach einem Umsturz nicht militärisch überrollen werde, ein Zeichen, das bisher zurückhaltende deutsche Militärs vielleicht zur Mitarbeit hätte bewegen können. Doch die Bemühungen Bells, England zu dem erhofften Solidaritätszeichen zu bringen, blieben ohne Erfolg, auch deshalb, weil die Alliierten ihrerseits auf verlässlichere Beweise durch die deutsche Opposition warteten.

Missverständnisse und Irritationen auf Seiten von Bonhoeffers ausländischen Gesprächspartnern waren unvermeidlich, weil etliche sich wunderten, wieso er, ein Mann der Bekennenden Kirche, plötzlich Mitarbeiter beim Geheimdienst war und mit Erlaubnis der Nationalsozialisten ins Ausland reisen durfte. Bonhoeffer erreichte im Mai 1942 das Gerücht, auch Karl Barth sei darüber irritiert. Bonhoeffer war von dieser Nachricht regelrecht verstört; er schrieb ihm:

> In einer Zeit, in der so vieles einfach auf persönlichem Vertrauen stehen muß, ist ja *alles* vorbei, wenn Mißtrauen aufkommt. Ich kann ja verstehen, daß dieser Fluch des Mißtrauens allmählich uns alle trifft, aber zu ertragen ist es schwer, wenn es einen zum ersten Mal persönlich trifft. (DBW 16, 268)

Barths Mitarbeiterin Charlotte von Kirschbaum versicherte Bonhoeffer umgehend im Auftrage Barths: «Karl Barth hat Ihnen nie einen Augenblick mißtraut» (DBW 16, 270). Die Szene zeigt, wie sehr selbst lange Freundschaften durch die schwierige politische Lage belastet waren.

Als im Oktober 1941 die ersten jüdischen Menschen aus Berlin deportiert wurden, versuchte das Amt Ausland/Abwehr, mit Rettungsaktionen Juden in Sicherheit zu bringen. Im so genannten «Unternehmen Sieben» wurden 14 Menschen, vorgeblich als V-Leute der Abwehr, in die sichere Schweiz gebracht. Bonhoeffer hat daran nicht persönlich mitgearbeitet, sorgte aber dafür, dass Charlotte Friedenthal, eine wichtige Mitarbeiterin der Bekennenden Kirche, eine der Geretteten war. Bei den Verhören Bonhoeffers in der Haft sollte diese Aktion eine Rolle spielen. Außerdem dokumentierte Bonhoeffer die Deportationen in einem persönlichen Bericht, auch dass ihm zu Ohren gekommen war, man transportiere die «Nicht-Arier» nach Osten.

Mit der Frage, wie Deutschland nach einem Kriegsende wieder aufzubauen und zu gestalten sei und welche Rolle die Kirche dabei spielen könne, beschäftigte sich Bonhoeffer auch persönlich. Wie viele am politischen Widerstand Beteiligte hoffte er nach den Erfahrungen mit der Weimarer Republik nicht auf eine Demokratie, sondern auf eine starke Obrigkeit, die sich am von Gott gegebenen Auftrag des Staates orientiert:

> Keine Staatsform ist als solche eine absolute Gewähr für eine rechte Ausübung des obrigkeitlichen Amtes. Allein der konkrete Gehorsam gegen den göttlichen Auftrag rechtfertigt eine Staatsform. ... Diejenige Staatsform wird die relativ beste sein, in der am deutlichsten wird, daß die Obrigkeit von oben, von Gott her ist, in der ihr göttlicher Ursprung am hellsten durchscheint. (DBW 16, 534)

Bonhoeffer entwarf eine Kanzelabkündigung, die nach einem erfolgreichen Umsturz verlesen werden sollte. Sie sprach von Schuld, Umkehr und persönlicher Beichte, von Vergebung und Erneuerung.

1942 gab Bonhoeffer überdies den Anstoß zur Erarbeitung der «Freiburger Denkschrift» durch den «Freiburger Kreis», die Vorschläge zu einer Neuordnung Deutschlands nach dem Krieg unterbreitete. Er machte auch einige inhaltliche Vorschläge, war aber an der Ausarbeitung nicht beteiligt. Als Constantin von Dietze, einer der Hauptakteure des Kreises, am 8. September 1944 verhaftet und der Putschvorbereitung durch Vorschläge zur Neugestaltung Deutschlands angeklagt wurde, wurde Bonhoeffer in der Anklageschrift als Initiator der Denkschrift genannt.

Die «Ethik»

1940 erschien Bonhoeffers kleine Schrift *Das Gebetbuch der Bibel. Eine Einführung in die Psalmen*, in der Bonhoeffer die Psalmen von Jesus Christus her las. Sie seien letztlich Gebete Jesu Christi und deshalb auch Gebete der Christen:

> Wer betet den Psalter? David ... betet, Christus betet, wir beten. ... David, Christus, die Gemeinde, ich selber – und wo wir dies alles miteinander bedenken, erkennen wir den wunderbaren Weg, den Gott geht, um uns beten zu lehren. (DBW 5, 112)

Für Bonhoeffer war dieser zutiefst jüdische Text «das Gebetbuch Jesu Christi im eigentlichsten Sinne» (DBW 5, 39). Weil er sich damit ausdrücklich gegen die Ausgrenzung des Alten Testamentes und des Judentums stellte, wurde ihm am 19. März 1941 «jede Betätigung als Schriftsteller untersagt» (DBW 16, 171). Am 22. August 1940 hatte ihn bereits ein reichsweites Redeverbot «wegen seiner volkszersetzenden Tätigkeit» (DBW 16, 58) erreicht; außerdem wurde Bonhoeffer verpflichtet, regelmäßig in seinem polizeilichen Meldeort Schlawe in Hinterpommern vorzusprechen, was seine Beweglichkeit stark einschränkte.

Trotz des Schreibverbotes arbeitete Bonhoeffer theologisch weiter, vor allem an einer *Ethik*. Immer wieder setzte er sich an das Manuskript, mit dem er eine Ethik für die Zeit nach dem Krieg entwerfen wollte. Von November 1940 bis Februar 1941 zog er sich in das Benediktinerkloster Ettal zurück, um dies konzentriert tun zu können. Doch wegen seiner Verhaftung am 5. April 1943 konnte er den Text nicht mehr abschließen.

Sein neuer Ethik-Entwurf war Bonhoeffer außerordentlich wichtig. An Bethge schrieb er aus dem Gefängnis: «... manchmal denke [ich], ich hätte nun eigentlich mein Leben mehr oder weniger hinter mir und müßte nur noch meine Ethik fertigmachen» (DBW 8, 237).

Bethge versteckte das Manuskript, das auf Bonhoeffers Schreibtisch lag, als er verhaftet wurde. Nach Bonhoeffers Tod ordnete er die Fragmente an und gab sie 1949 in den Druck.

(Bethges ursprüngliche Anordnung hat sich inzwischen als unwahrscheinlich erwiesen; innerhalb der Dietrich Bonhoeffer Werke sind die Texte neu zusammengestellt.) Aufmerksamkeit fand der Band jedoch erst nach der Veröffentlichung von Bonhoeffers Gefängniskorrespondenz.

Bonhoeffer will in seinem Fragment gebliebenen Text die christliche Ethik neu begründen. Christliche Ethik hat für ihn ihren Ausgangspunkt in der bereits geschehenen Versöhnung zwischen Gott und Mensch in Jesus Christus. Von hier aus gewinnt sie ihr Gottes- und Weltverständnis. Gott und Welt sind nicht zwei getrennte Wirklichkeiten, sondern:

> *In Jesus Christus ist die Wirklichkeit Gottes in die Wirklichkeit dieser Welt eingegangen.* ... In Christus begegnet uns das Angebot, an der Gotteswirklichkeit und an der Weltwirklichkeit zugleich teil zu bekommen, eines nicht ohne das andere. Die Wirklichkeit Gottes erschließt sich nicht anders als indem sie mich ganz in die Weltwirklichkeit hineinstellt, die Weltwirklichkeit aber finde ich immer schon getragen, angenommen, versöhnt in der Wirklichkeit Gottes vor. (DBW 6, 39 f.)

Von dieser Einheit von Gott und Welt in Jesus Christus hat christliche Ethik auszugehen. Jene Einheit bedeutet zunächst, dass der Christ

> nicht mehr der Mensch des ewigen Konflikts [ist] ... Seine Weltlichkeit trennt ihn nicht von Christus, und seine Christlichkeit trennt ihn nicht von der Welt. Ganz Christus angehörend steht er zugleich in der Welt. (DBW 6, 48)

Sie bedeutet weiter, dass Ethik danach fragt, «wie die – auch uns und unsere Welt längst in sich beschlossen haltende – Wirklichkeit in Christus als jetzt gegenwärtige wirke beziehungsweise wie in ihr zu leben sei» (DBW 6, 40). Dabei empfindet Bonhoeffer die Konzentration auf Jesus Christus nicht als Engführung, sondern: «Je ausschließlicher wir Christus als unseren Herrn erkennen und bekennen, desto mehr enthüllt sich uns die Weite seines Herrschaftsbereiches.» (DBW 6, 347)

Von besonderer Bedeutung wird Bonhoeffer in der *Ethik* die Kategorie der Verantwortung. Sie knüpft an seine bereits früher herausgestellte Überzeugung an, dass das Handeln des Menschen sich nicht an allgemeinen Prinzipien orientieren soll, sondern sich jeweils auf die konkrete Situation richtet. Insbesondere in der Situation der Maskerade des Bösen – es ist augenscheinlich, worauf Bonhoeffer damit anspielt –, in der das Böse sich als das Gute, Hilfreiche, Notwendige und Gerechte ausgibt, richten nach Bonhoeffers Überzeugung die traditionellen ethischen Begriffe wie Vernunft, Gewissen, Pflicht oder Tugend nichts mehr aus. Wer sich an der Vernunft orientiert, vermag den Abgrund des Bösen nicht zu begreifen. Wem das Gewissen entscheidende Instanz ist, der ist angesichts der Komplexität der zu treffenden Entscheidungen überfordert; ein gutes Gewissen wird er bei keiner haben können. Pflicht als Leitkategorie ist nur gefährlich: «Der Mann der Pflicht wird schließlich auch dem Teufel gegenüber noch seine Pflicht erfüllen müssen.» (DBW 6, 65) Und der, dem seine persönliche Tugendhaftigkeit das Höchste ist, wird sich in einer umfassenden Unrechtssituation, in der das Handeln nach der einen Tugend immer in Konflikte mit anderen Tugenden führt, nur ins Privatleben zurückziehen können.

In einem Text an seine Mitverschwörer vom Jahreswechsel 1942/43 greift Bonhoeffer diese Gedanken erneut auf, und er schließt mit der Frage, wer angesichts der Maskerade des Bösen überhaupt in der Lage ist standzuhalten:

> Wer hält stand? Allein der, dem nicht seine Vernunft, sein Prinzip, sein Gewissen, ... seine Tugend der letzte Maßstab ist, sondern der dies alles zu opfern bereit ist, wenn er im Glauben und in alleiniger Bindung an Gott zu gehorsamer und verantwortlicher Tat gerufen ist, der Verantwortliche, dessen Leben nichts sein will als eine Antwort auf Gottes Frage und Ruf. Wo sind diese Verantwortlichen? (DBW 8, 23)

Erstaunlich ist, dass Bonhoeffer in seiner *Ethik*, bei der die aktuelle politische Situation und seine Beteiligung am gewaltsamen Widerstand unausgesprochen im Hintergrund steht, nicht zu der These kommt, es gebe eben Situationen, in denen es erlaubt sei zu töten, also dem fünften Gebot zuwiderzuhandeln.

Damit wäre die Tötung Hitlers als ethisch unproblematisch eingeordnet. Bonhoeffers Antwort auf den für die Verschwörer sicher drängendsten Konflikt ist stattdessen: Es gibt die «außerordentliche Situation», die an «die Freiheit des Verantwortlichen» appelliert, durch das eigene Tun ein göttliches Gesetz zu verletzen und damit bewusst schuldig zu werden. Solch ein Handeln ist nur im Glauben an die Vergebung Gottes möglich:

> Die außerordentliche Notwendigkeit appelliert an die Freiheit des Verantwortlichen. Es gibt kein Gesetz, hinter dem der Verantwortliche hier Deckung suchen könnte. Es gibt daher auch kein Gesetz, das den Verantwortlichen angesichts solcher Notwendigkeit zu dieser oder jener Entscheidung zu zwingen vermöchte. Es gibt vielmehr angesichts dieser Situation nur den völligen Verzicht auf jedes Gesetz, verbunden mit dem Wissen darum hier in freiem Wagnis entscheiden zu müssen, verbunden auch mit dem offenen Eingeständnis, daß hier das Gesetz verletzt, durchbrochen wird ... verbunden also mit der gerade in dieser Durchbrechung anerkannten Gültigkeit des Gesetzes. (DBW 6, 274)

Ganz gleich, wie der Mensch sich hier entscheidet, ob er dem Gesetz gehorcht, das heißt dem göttlichen Gebot, nicht zu töten, oder ob er sich dagegen entscheidet:

> so oder so wird der Mensch schuldig und so oder so kann er allein von der göttlichen Gnade und der Vergebung leben. (DBW 6, 275)

Wichtig für Bonhoeffers Ethik sind noch zwei weitere Überlegungen: die Unterscheidung zwischen den letzten und den vorletzten Dingen und die Behauptung von vier Mandaten.

Bonhoeffer nennt im Anschluss an Martin Luther vier Mandate, die Gott in dieser Welt eingerichtet hat. Damit meint er vier verschiedene göttliche Aufträge, die die Weltwirklichkeit strukturieren und ihre Erhaltung auf Christus hin sicherstellen sollen: erstens Arbeit (bzw. Kultur), zweitens Ehe und Familie, drittens Obrigkeit und viertens Kirche. Menschen sollen nach Bonhoeffer unter diesen Mandaten leben. Ihre inhaltliche Qualität bekommen sie alle durch ihre Ausrichtung auf Christus. Interessant sind die Ausführungen zur Obrigkeit, die nach Bonhoeffer dazu da ist, Ehe und Arbeit zu schützen, aber nicht dazu (der zeitgeschichtliche Bezug ist deutlich), für sie Vorgaben zu machen. Keines der Mandate darf sich absolut setzen. Nur im «Miteinander, Füreinander und Gegeneinander» (DBW 6, 397) erfüllen sie ihre Funktion.

Bonhoeffers Unterscheidung zwischen dem Vorletzten und dem Letzten führt eine für das freie Handeln des Menschen wichtige Differenzierung ein: Das Letzte ist Gottes Barmherzigkeit mit dem Sünder, die der Mensch durch keine noch so gute Tat erzwingen kann, sondern die Geschenk bleibt, nachdem der Mensch gehandelt hat. Der Mensch kann auf sie hoffen, aber nicht mit ihr rechnen. Das Vorletzte hat seine Bedeutung um des Letzten willen. Es ist das, was der Barmherzigkeit Gottes bedarf. Ethisches Handeln geschieht im Bereich des Vorletzten, aber mit Blick auf das Letzte. Denn um des Letzten willen muss das Vorletzte erhalten und gestaltet werden. Ethisches Handeln im Vorletzten darf nie meinen, letzte Wirklichkeit zu konstituieren, darf aber auch nicht um des Letzten willen das Vorletzte vernachlässigen:

> Der Hungernde braucht Brot, der Obdachlose Wohnung, der Entrechtete Recht, der Vereinsamte Gemeinschaft, der Zuchtlose Ordnung, der Sklave Freiheit. Es wäre eine Lästerung Gottes und des Nächsten den Hungernden hungrig zu lassen, weil gerade der tiefsten Not Gott am nächsten sei. Um der Liebe Christi willen, die dem Hungernden gehört wie mir, brechen wir das Brot mit ihm, teilen wir die Wohnung. ... Es ist etwas Vorletztes, was hier geschieht. Dem Hungernden Brot geben, heißt noch nicht ihm die Gnade Gottes und die Rechtfertigung verkündigen und Brot empfangen haben heißt noch nicht im Glauben stehen. Aber für den, der es um des Letzten willen tut, steht dieses Vorletzte in Beziehung zum Letzten. Es ist ein Vor-*Letztes*. Der Einzug der Gnade ist das Letzte. (DBW 6, 155 f.)

«Liebes Fräulein von Wedemeyer»

Seit 1925 war Dietrich Bonhoeffer mit einer Berliner Kusine zweiten Grades eng befreundet. Nach der Trennung von ihr 1933 bis zum Ende des Bruderhauses 1937 hatte Bonhoeffer keine engere Beziehung mehr zu einer Frau, was in der Situation

Abb. 9: Dietrich Bonhoeffer im Gespräch mit Ruth und Konstantin von Kleist-Retzow in Kieckow, 1942.

des Kirchenkampfes zweifellos eine Entlastung war, weil er frei von familiären Bindungen sich ganz dieser Aufgabe widmen konnte, ohne Angst, Frau oder Kinder durch sein Verhalten zu beschädigen. Dies entsprach außerdem der auch von den anderen Männern im Bruderhaus verlangten Lebensform.

Das Jahr 1942 brachte eine entscheidende private Wende. Maria von Wedemeyer, die Enkelin von Ruth von Kleist-Retzow, trat anders als bisher in seinen Blick. Maria von Wedemeyer war als Tochter des Juristen und Offiziers Hans von Wedemeyer und Ruth von Kleist-Retzows gleichnamiger Tochter Ruth zunächst auf dem Familiengut Pätzig bei Finkenwalde zusammen mit sechs Geschwistern aufgewachsen und hatte dann Internate in Thüringen und Baden besucht. Kennengelernt hatten sich Bonhoeffer und sie schon früher über Maria von Wedemeyers Großmutter. Bonhoeffer hatte 1938 Maria von Wedemeyers Bruder Max konfirmiert. Im Juni 1942, nach Bonhoeffers Rückkehr aus Schweden, trafen sie sich in Klein-Krössin wieder.

«Liebes Fräulein von Wedemeyer»

Maria von Wedemeyer hat später über diese Begegnung gesagt:

> Ich hatte gerade das Abitur gemacht und unternahm einige Familienbesuche, bevor ich mein Pflichtjahr im Altenburger Stift antrat. Dazu gehörte vor allem ein Besuch bei meiner Großmutter, zu der ich immer ein besonders nahes Verhältnis gehabt habe. ... Dort war ich eine Woche, und dann erschien, erstmal eigentlich ein bißchen störend, der berühmte Pastor Bonhoeffer zu Besuch. Es entwickelte sich aber sehr schnell, daß wir zu dritt überaus gut miteinander konnten. Die Unterhaltung zwischen den beiden wurde so geführt, daß ich nicht nur zu verstehen glaubte, um was es ging, sondern auch sehr ermutigt wurde mitzureden. Was ich dann auch tat. Ich fürchte, ich hatte einen frechen Ton mit meiner Großmutter, der ihr Spaß machte und der auch weiterbehalten wurde, obgleich Dietrich erschien. Wir unterhielten uns über Zukunftspläne. Mein Plan, Mathematik zu studieren, der von meiner Großmutter als dummer Flausen erklärt wurde, wurde aber von Dietrich, vielleicht gerade deswegen, ernstgenommen. Wir gingen im Garten spazieren. Er erzählte, daß er in Amerika gewesen sei, und wir merkten mit Erstaunen, daß ich noch nie jemanden getroffen hatte, der dort gewesen war. (Brautbriefe, 271 f.)

Trotz des großen Altersunterschiedes – er war 36, sie 18 – verliebte sich Bonhoeffer in sie. Einige Male sahen sie sich in der Folgezeit bei unterschiedlichen Gelegenheiten wieder. Währenddessen fielen im August 1942 Maria von Wedemeyers Vater Hans und im Oktober ihr Bruder Max in Russland. Bonhoeffer schrieb an Maria von Wedemeyer nach Max von Wedemeyers Tod:

> Liebes Fräulein von Wedemeyer! Darf ich Ihnen nur dies sagen: ich glaube zu ahnen, was der Tod von Max für Sie bedeutet. Es kann Ihnen wenig helfen, wenn ich Ihnen sage, dass auch ich an diesem Schmerz teilnehme. In solchen Zeiten kann uns nur geholfen werden, wenn wir uns – Gott ans Herz werfen, nicht mit Worten, sondern wirklich und ganz. Das kostet schwere Stunden, bei Tag und bei Nacht, aber dann, wenn wir uns Ihm ganz ausgeliefert haben, vielmehr, wenn er uns angenommen hat – dann ist uns geholfen. (Dietrich Bonhoeffer Jahrbuch 2, 15)

Schwierig wurde das nähere Kennenlernen. Recht bald gab Bonhoeffer Maria von Wedemeyer zu verstehen, wie er für sie empfand. Die Großmutter wollte die sich anbahnende Beziehung unterstützen, die Mutter hingegen machte sich Sorgen um ihre Tochter, die durch den Tod von Vater und Bruder aufgewühlt war, und fand den Altersunterschied zu groß. Mitte November 1942 forderte sie von Bonhoeffer ein Jahr ohne Kontakt zu ihrer Tochter, weil eine Verlobung und Ehe eine weitreichende Entscheidung sei. Doch schon im Januar 1943 teilte Maria von Wedemeyer der Mutter ihre Entscheidung mit, Dietrich Bonhoeffer zu heiraten. Die Mutter bestand weiter auf einer Wartezeit, erlaubte aber einen Brief. Am 13. Januar 1943 schrieb Maria von Wedemeyer an Bonhoeffer, dass sie ihn heiraten wolle. Dieser war überglücklich:

> Und ich kann nicht mehr anders sprechen, als ich es in meinem Herzen in den vergangenen Wochen oft getan habe – ich möchte Dich so nennen, wie ein Mann das Mädchen nennt, mit dem er durchs Leben gehen will und darf und das ihm sein Ja gesagt hat – liebe Maria, ich danke Dir für Dein Wort, für alles, was Du für mich durchgestanden hast und was Du für mich bist und sein willst. Laß uns nun froh aneinander sein und werden. Was Du an Zeit und Ruhe brauchst zur inneren Bewährung, wie Du schreibst, mußt Du haben, ganz wie es für Dich gut ist. Das weißt Du allein. *Mit* Deinem «Ja» kann ich nun auch ruhig warten; ohne dieses Ja war es schwer und wäre es immer schwerer geworden. ... Ich verstehe und habe es auch immer in den vergangenen Wochen verstanden – wenn auch nicht ganz ohne Schmerzen – daß es für Dich nicht leicht sein kann, zu mir Ja zu sagen, und ich werde das nie vergessen – und es ist dieses Dein Ja, das mir allein Mut geben kann, nun auch zu mir selbst nicht mehr nur Nein zu sagen. (Brautbriefe, 279)

Auch in den folgenden Monaten trafen sie sich auf Wunsch der Mutter nicht mehr. Sie hatten sich auf eine Kontaktsperre von einem halben Jahr geeinigt. Bonhoeffer schrieb seiner Verlobten am 24. Januar dennoch, vor dem Hintergrund seiner gefährlichen politischen Tätigkeit:

> Du, liebe Maria, hast nun das nächste halbe Jahr unter das Gesetz des Schweigens gestellt. Es ist Dein Wunsch, Dein erster Wunsch an

mich und was sollte es für mich selbstverständlicheres geben als diesen Wunsch willig zu erfüllen. Aber eines muß ich noch sagen: jedes Gesetz, das der Mensch sich selbst auferlegt, hat seine Grenzen und seine Gefahren, dort nämlich, wo es das Echte und Natürliche nicht mehr schützt, sondern bedroht. Das haben wir in den vergangenen Jahren immer wieder gelernt, wenn Gott unsere Pläne, Gedanken, Lebensformen, die wir gut und nötig hielten, zerschlagen hat. Gottes Sprache kann stärker werden als unsere eigenen Gesetze. Es könnten in der nächsten Zeit Ereignisse von so elementarer Bedeutung, auch für unser persönliches Leben, eintreten, daß es unnatürlich, erzwungen wäre, wenn wir dann nicht miteinander sprechen könnten – wenigstens durch einen Brief. (Brautbriefe, 280 f.)

Erst im Gefängnis sahen sie sich wieder.

10. Als Häftling in Berlin-Tegel, 1943–1945

Eingesperrt

Seit 1942 beobachtete das Reichssicherheitshauptamt der SS die Außenstelle der Abwehr in München wegen Devisenunregelmäßigkeiten und verhaftete im Herbst 1942 zwei Münchner Mitarbeiter. Dietrich Bonhoeffer und sein Schwager Hans von Dohnanyi trafen Vorsichtsmaßnahmen, um zu verhindern, dass ihre konspirativen Tätigkeiten und Kontakte bekannt wurden. Bonhoeffer schrieb, neben fingierten Tagebucheintragungen über seine Auslandsreisen, im Frühjahr 1943 zur Tarnung einen auf November 1940 zurückdatierten Brief an Dohnanyi, in dem er der Abwehr seine Auslandskontakte «zur Erlangung zuverlässiger Nachrichten über das Ausland» anbot, weil an der ökumenischen Bewegung

> führende politische Persönlichkeiten der verschiedenen Länder interessiert sind, sodaß es in der Tat nicht schwer sein dürfte, die Auffassungen und Urteile solcher Persönlichkeiten auf dem Wege über ökumenische Beziehungen in Erfahrung zu bringen. (DBW 16, 385 f.)

Schon länger störte sich das Reichssicherheitshauptamt an der Selbstständigkeit des militärischen Geheimdienstes und versuchte, dessen Unabhängigkeit ein Ende zu setzen. Oberkriegsgerichtsrat Manfred Roeder wurde mit dem weiteren Verfahren betraut.

Am 5. April 1943 wurden Dietrich Bonhoeffer, Hans von Dohnanyi und dessen Frau Christine, eine Schwester Bonhoeffers, verhaftet. Hans Oster wurde unter Hausarrest gestellt. Bei Hans von Dohnanyis Verhaftung wurden Notizzettel mit Ausführungen über eine Nachkriegsordnung sichergestellt, die auch Bonhoeffer belasteten.

Bonhoeffer wurde im Untersuchungsgefängnis der Wehrmacht in Berlin-Tegel inhaftiert. Für ihn bedeutete die Haft, wie er kurz darauf notierte: «Trennung – *vom Vergangenen und Zukünftigen*» (DBW 8, 63). Die ersten Eindrücke waren entsetzlich:

> Ich wurde für die erste Nacht in eine Zugangszelle eingeschlossen; die Decken auf der Pritsche hatten einen so bestialischen Gestank, daß es trotz der Kälte nicht möglich war, sich damit zuzudecken. Am nächsten Morgen wurde mir ein Stück Brot in die Zelle geworfen, so daß ich es vom Boden aufheben mußte. ... Von außen drangen in meine Zelle zum ersten Mal jene wüsten Beschimpfungen der Untersuchungsgefangenen durch das Personal, die ich seither täglich von morgens bis abends gehört habe. Als ich mit den anderen Neueingelieferten anzutreten hatte, wurden wir von einem Schließer als Strolche etc. etc. tituliert ... Im übrigen öffnete sich die Zelle in den nächsten 12 Tagen nur zum Essenempfang und zum Heraussetzen des Kübels. Es wurde kein Wort mit mir gewechselt. Ich blieb ohne Mitteilung über Grund und Dauer meiner Haft. ... Nach 12 Tagen wurden im Hause meine verwandtschaftlichen Verhältnisse bekannt. [Bonhoeffers Onkel Paul von Hase war als Berliner Stadtkommandant auch für das Tegeler Gefängnis zuständig.] Es war für mich persönlich zwar sehr erleichternd, aber objektiv beschämend, wie sich von diesem Augenblick an alles veränderte. Ich wurde in eine geräumigere Zelle gelegt, diese wurde mir täglich durch einen Fourier gereinigt, es wurden mir beim Essenausteilen größere Rationen angeboten, was ich stets ablehnte, da diese nur auf Kosten der Mitgefangenen gegangen wären, der Hauptmann [der Kommandant des Gefängnisses] holte mich zum täglichen Spaziergang ab, was zur Folge hatte, daß das Personal mich mit ausgesuchter Höflichkeit behandelte, mehrere kamen sich sogar entschuldigen: «sie hätten ja nicht gewußt etc. ...» Peinlich! (DBW 8, 380–382)

In den kommenden Monaten verhörte Roeder ihn und Hans von Dohnanyi mehrfach. Die bei Dohnanyi gefundenen Notizzettel galten Roeder zunächst als eindeutiges Indiz für den Landesverrat von Dohnanyis. Dann geriet das «Unternehmen Sieben» in sein Visier. Schließlich ging es noch um eine Reihe von uk-Stellungen für Bekenntnispfarrer, unter anderem für Bonhoeffer, die Oster und Dohnanyi ausgestellt hatten und die den Vorwurf der Wehrkraftzersetzung nach sich zogen.

Abb. 10: Dietrich Bonhoeffer mit einem Wachsoldaten und Gefangenen der italienischen Luftwaffe im Hof des Wehrmachtsgefängnisses in Berlin-Tegel, Frühsommer 1944.

Roeder fielen weiter Unstimmigkeiten bei den Angaben auf, wann Bonhoeffer im Amt Ausland/Abwehr angefangen habe. Bonhoeffer habe sich offenbar bereits vor seiner Anstellung und damit unberechtigterweise gegenüber dem Wehrbezirkskommando in Schlawe auf eine Zugehörigkeit zu einer militärischen Dienststelle berufen. Die erst nach einem halben Jahr gegen Bonhoeffer erhobene Anklage lautete daher auf eine unrechtmäßig erworbene uk-Stellung und damit auf Wehrkraftzersetzung. Von Bonhoeffers und von Dohnanyis Beteiligung am Umsturz wusste Roeder noch nichts.

Während der Verhöre durch Roeder sah sich Bonhoeffer vor die Notwendigkeit gestellt, so lange wie nur irgend möglich die weiterlaufenden Umsturzvorhaben zu schützen und weder diese noch die an ihnen Beteiligten zu verraten. Das aber bedeutete, in den Verhören zu lügen. Bonhoeffer hat in einem im Gefängnis geschriebenen Aufsatzfragment mit dem Titel «Was heißt die Wahrheit sagen?» versucht, diese Situation theologisch zu verarbeiten. Entscheidend ist dabei für Bonhoeffer die Einsicht, daß «die Wahrheit sagen» je nach dem Ort, an dem man sich befindet, etwas verschiedenes bedeutet. Es müssen die jeweiligen Verhältnisse bedacht werden. Es muß die Frage gestellt werden, ob und in welcher Weise ein Mensch berechtigt ist, vom anderen die wahrheitsgemäße Rede zu verlangen. (DBW 16, 620)

Damit negiert Bonhoeffer eine prinzipielle Pflicht, immer und in jeder Lage so zu sprechen, dass damit die objektiven Fakten zum Ausdruck gebracht werden. Ein Beispiel soll dies illustrieren: Ein Kind wird vom Lehrer vor der ganzen Klasse gefragt, ob es stimme, dass sein Vater immer betrunken nach Hause komme. Obwohl dies stimmt, verneint das Kind die Frage des Lehrers.

Indem es die Frage des Lehrers einfach verneint, wird die Antwort zwar unwahr, aber sie gibt doch zugleich der Wahrheit Ausdruck, daß die Familie eine Ordnung sui generis ist, in die der Lehrer nicht berechtigt war, einzudringen. Man kann nun zwar die Antwort des Kindes eine Lüge nennen; trotzdem enthält diese Lüge mehr Wahrheit, d. h. sie ist der Wirklichkeit gemäßer als wenn das Kind die Schwäche seines Vaters vor der Schulklasse preisgegeben hätte. … Die Schuld der Lüge fällt allein auf den Lehrer zurück. (DBW 16, 625)

Bonhoeffer hat das Beispiel des Lehrers nicht zufällig gewählt, ist doch ein Lehrer Repräsentant der Obrigkeit. Dann aber sagt Bonhoeffer mit seinem Text: Der ihn verhörende Manfred Roeder hat kein Recht auf die Wahrheit der Verschwörer. Seine Fragen sind «Lügen». Und wenn Bonhoeffer in seinen Antworten die Fakten verschweigt, dann enthalten seine Antworten «mehr» Wahrheit, als wenn er die Fakten preisgeben würde.

Bonhoeffer begann während der Haft auch literarisch zu arbeiten. Er verfasste ein Dramen- und ein Romanfragment, in denen er das Leben einer bürgerlichen Familie beschrieb. Er beabsichtigte damit, wie er Bethge mitteilte, «eine Rehabilitierung des Bürgertums, wie wir es in unseren Familien kennen, und zwar gerade vom Christlichen her» (DBW 8, 189). Ihn interessierten die besonderen Haltungen des Bürgertums im persönlichen und familiären Bereich, aber auch seine besondere Verantwortung für den Aufbau eines gelingenden Gemeinwesens. Tugenden wie Einfachheit und Schweigen-Können stellte er dabei besonders heraus. Der Stil der Fragmente ist aus heutiger Sicht etwas altertümlich. Interessant ist jedoch, wie in Bonhoeffers Darstellung eigene Erfahrungen einfließen und welche Mitglieder seiner eigenen Familie – unter anderen Namen – in ihr auftreten. Auch Bonhoeffer selbst, Bethge und die Familie von Wedemeyer kommen vor.

«Widerstand und Ergebung»

Ohne Übertreibung kann man sagen, dass das, was Bonhoeffer in den fast zwei Jahren der Haft getragen hat, die Korrespondenz mit der Familie, Maria von Wedemeyer und Eberhard Bethge war.

Zu Beginn seiner Haft durfte Bonhoeffer nur an seine Familie schreiben, nach knapp vier Monaten dann auch an seine Verlobte. Bonhoeffer versuchte, den Eltern alle Sorgen zu nehmen. Schon im ersten Brief beruhigte er sie: «Vor allem müßt Ihr wissen und auch wirklich glauben, daß es mir gut geht.» (DBW 8, 43) Immer wieder brachte er seine Dankbarkeit ihnen gegenüber zum Ausdruck:

> Im normalen Leben wird es einem oft garnicht bewußt, daß der Mensch überhaupt unendlich viel mehr empfängt, als er gibt, und daß Dankbarkeit das Leben erst reich macht. Man überschätzt wohl leicht das eigene Wirken und Tun in seiner Wichtigkeit gegenüber dem, was man nur durch andere geworden ist. (DBW 8, 157 f.)

Auch für die kleinen Freuden im Haftalltag entwickelt er Dankbarkeit:

> Vor einiger Zeit hatte hier im Hof in einem kleinen Verschlag eine Meise ihr Nest mit 10 Jungen darin; ich hatte mich täglich daran gefreut, eines Tages hatte ein roher Kerl alles zerstört, einige Meisen lagen tot auf der Erde – unbegreiflich. Auch ein kleiner Ameisenbau und die Bienen an den Linden machen mir auf meinen Gängen im Hof viel Freude. (DBW 8, 105)

Die Briefe an die Eltern zeigen, wie Bonhoeffer versuchte, sich durch Disziplin schnell an die neue Situation anzupassen. Er machte sich einen genauen Tagesplan mit festen Zeiten für Spaziergänge in der Zelle, Lektüren und Schreibarbeiten. Er las in der Zelle viel: die Bibel, theologische und andere wissenschaftliche Bücher, aber auch Literarisches. Er nahm in den Briefen Anteil an dem, was er über die Familie erfuhr, schrieb für Eberhard Bethges Hochzeit mit Bonhoeffers Nichte Renate Schleicher eine Traupredigt, und für deren Sohn, den sie nach dem Inhaftierten Dietrich nannten, Gedanken zu dessen Tauftag.

Bonhoeffer beschreibt in der Traupredigt die kirchliche Eheschließung als ein Ja Gottes zu demjenigen Ja, das die beiden Eheleute in Liebe zueinander gesprochen haben. Gleichzeitig beschwört er – im Anschluss an neutestamentliche Texte, aber heute nur noch schwer nachvollziehbar – eine eheliche Ordnung, die es zu wahren gelte, «weil ohne sie alles aus den Fugen ginge. In allem seid ihr frei bei der Gestaltung eures Hauses, nur in einem seid ihr gebunden: die Frau sei dem Manne untertan, und der Mann liebe seine Frau» (DBW 8, 76). Man spürt die existentielle Erschütterung durch Diktatur und Krieg und den Wunsch nach einer Gegenwelt, wenn Bonhoeffer fortfährt: «Der Ort, an den die Frau von Gott gestellt ist, ist das Haus des Mannes. ... ein Haus ... ist mitten in der Welt ein Reich für sich, eine Burg im Sturm der Zeit, eine Zuflucht» (DBW 8, 76 f.).

Außerdem verfasste Bonhoeffer Gebete für Mitgefangene, die die Situation der Gefangenschaft aufnehmen: «Herr Jesus Christus, du warst arm und elend, gefangen und verlassen wie ich. Du kennst alle Not der Menschen, du bleibst bei mir, wenn kein Mensch mir beisteht» (DBW 8, 205). Lange hoffte Bonhoeffer noch auf Freilassung.

Seit der gemeinsamen Zeit in Finkenwalde verband Dietrich Bonhoeffer mit Eberhard Bethge eine besonders enge Freundschaft. Berühmt geworden ist diese Freundschaft durch den Briefwechsel, den beide während Bonhoeffers Haft führten. Schon vorher hatten sie oft Briefe ausgetauscht. Jetzt wurde das Gespräch mit Bethge für Bonhoeffer lebenswichtig:

> Als ich gestern Deinen Brief las, war es mir, als gäbe eine Quelle, ohne die mein geistiges Leben zu verdorren begann, nach langer Zeit wieder die ersten Tropfen Wasser. (DBW 8, 232)

Abb. 11: Eberhard Bethge und Dietrich Bonhoeffer vor dem Pfarrhaus in Groß-Schlönwitz, Sommer 1938.

Der Wunsch, Dich wissen zu lassen, daß ich, soweit das möglich ist, in täglichem geistigem Austausch mit Dir lebe, – daß ich kein Buch lesen, keinen Abschnitt schreiben kann, ohne mich mit Dir darüber zu unterhalten oder mich wenigstens zu fragen, was Du wohl dazu sagen würdest – kurz dies alles nimmt von selbst die Gestalt eines Briefes an. (DBW 8, 342)

1951 veröffentlichte Eberhard Bethge Bonhoeffers Briefe an die Familie und an ihn selbst unter dem Titel *Widerstand und Ergebung*. Anfangs deckte er nicht auf, wer «der Freund» war, an den sich Bonhoeffers Briefe richteten. Erst 1970 kam es zu einer Neuausgabe, in der Bethge nun auch Abschnitte aus seinen eigenen Briefen abdruckte. *Widerstand und Ergebung* wurde schnell berühmt. Bewegend ist der Einblick in den Gefängnisalltag und die persönliche Gedankenwelt Bonhoeffers. Große Aufmerksamkeit fanden auch die Gedichte, die Bonhoeffer plötzlich zu schreiben begann. Eine größere Wirkung noch hatten die im Gespräch mit Bethge entfalteten theologischen Thesen.

Eberhard Bethges Name tauchte in den Briefen an die Familie zunächst nicht auf, weil die Briefe durch die Zensur mussten und man Bethge, der um die Umsturzpläne wusste, nicht in Gefahr bringen wollte. Dann wurde Bethge zur Wehrmacht einberufen und man konnte hoffen, dass er nicht mehr unter Beobachtung stand. Bonhoeffer gewann gleichzeitig einen Wachmann als Verbündeten, der bereit war, Briefe an Bethge an der Zensur vorbei aus dem Gefängnis zu schmuggeln. Fast siebeneinhalb Monate nach der Verhaftung konnte Bonhoeffer endlich wieder an seinen Freund schreiben. Keinem anderen Menschen gegenüber konnte er so wahrhaftig sein:

> Morgen oder übermorgen soll ich Dich sprechen können. Zum erstenmal nach ¾ Jahren werde ich die volle Wahrheit hören und sagen dürfen. Das ist ein Ereignis. Die Eltern und auch Maria muß ich schonen; Dir werde ich nichts vormachen und Du mir auch nicht. (DBW 8, 251)

Immer wieder ließ er Bethge in seine persönlichen Gedanken und Empfindungen blicken:

> Ich frage mich selbst oft, wer ich eigentlich bin, der, der unter diesen gräßlichen Dingen hier immer wieder sich windet und das heulende Elend kriegt, oder der, der dann mit Peitschenhieben auf sich selbst einschlägt und nach außen hin (und auch vor sich selbst) als der Ruhige, Heitere, Gelassene, Überlegene dasteht und sich dafür (d. h. für diese Theaterleistung, oder ist es keine?) bewundern läßt? (DBW 8, 235)

Er habe keiner der Entscheidungen bereut, die ihn in diese Situation gebracht haben, frage sich aber immer wieder, «wo die Grenzen zwischen dem notwendigen Widerstand gegen das ‹Schicksal› und der ebenso notwendigen Ergebung liegen» und «wie wir in diesem ‹Es› (‹Schicksal›) das ‹Du› finden, oder m. a. W., ... wie aus dem ‹Schicksal› wirklich ‹Führung› wird» (DBW 8, 333 f.). Bethge wählte aus diesen Worten den Titel für die Briefe aus der Haft.

In besonderer Weise genoss Bonhoeffer das durch die Briefe wieder mögliche theologische Gespräch mit Bethge. Er berichtete ihm unter anderem, wie sich seine positive Bewertung des Alten Testamentes in den letzten Wochen noch einmal intensiviert und sich dadurch sein Blick auf die christliche Auferstehungshoffnung verändert hat:

> Ich spüre übrigens immer mehr, wie alttestamentlich ich denke und empfinde; so habe ich in den vergangenen Monaten auch viel mehr Altes Testament als Neues Testament gelesen. Nur wenn man die Unaussprechlichkeit des Namens Gottes kennt, darf man auch einmal den Namen Jesus Christus aussprechen; nur wenn man das Leben und die Erde so liebt, daß mit ihr alles verloren und zu Ende zu sein scheint, darf man an die Auferstehung der Toten und eine neue Welt glauben. (DBW 8, 226)

Trotz – oder gerade wegen – der Situation der Gefangenschaft zieht sich diese Ausrichtung auf das Leben wie ein roter Faden durch Bonhoeffers Briefe. Eine vorzeitige Hoffnung auf ein besseres Jenseits ist Bonhoeffers Sache nicht:

> Ich glaube, wir sollen Gott in unserem *Leben* und in dem, was er uns an Gutem gibt, so lieben und solches Vertrauen zu ihm fassen, daß wir, wenn die Zeit kommt und da ist – aber wirklich erst dann! – auch mit Liebe, Vertrauen und Freude zu ihm gehen. Aber – um es deutlich zu sagen – daß ein Mensch in den Armen seiner Frau sich nach dem Jenseits sehnen soll, das ist milde gesagt eine Geschmacklosigkeit und jedenfalls nicht Gottes Wille. Man soll Gott in dem finden und lieben, was er uns gerade gibt; wenn es Gott gefällt, uns ein überwältigendes irdisches Glück genießen zu lassen, dann soll man nicht frömmer sein als Gott und dieses Glück durch übermütige Gedanken und Herausforderungen und durch eine wildgewordene religiöse Phantasie, die an dem, was Gott gibt, nie genug haben kann, dieses Glück wurmstichig werden lassen. Gott wird es dem, der ihn in seinem irdischen Glück findet und ihm dankt, schon nicht an Stunden fehlen lassen, in denen er daran erinnert wird, daß alles Irdische nur etwas Vorläufiges ist und daß es gut ist, sein Herz an die Ewigkeit zu gewöhnen, und schließlich werden auch die Stunden nicht ausbleiben, in denen wir aufrichtig sagen können: «ich wollt, daß ich daheime wär ...» Aber dies alles hat seine Zeit und die Hauptsache ist, daß man mit Gott Schritt hält. (DBW 8, 244 f.)

«Widerstand und Ergebung»

Mit Bonhoeffers Brief an Bethge vom 30. April 1944 begann nochmals ein neuer Abschnitt in seinem theologischen Denken, zumindest hat er selbst dies so empfunden. Der Brief war der erste, in dem Bonhoeffer eine «religionslose Zeit» diagnostizierte und Überlegungen über eine dieser Religionslosigkeit entsprechende «nicht-religiöse Interpretation» des christlichen Glaubens anstellte. Es sind diese Überlegungen, die *Widerstand und Ergebung* so eine weitreichende theologische Rezeption beschert haben. Worum geht es dabei?

> Was mich unablässig bewegt, ist die Frage, was das Christentum oder auch wer Christus heute für uns eigentlich ist. Die Zeit, in der man das den Menschen durch Worte – seien es theologische oder fromme Worte – sagen könnte, ist vorüber; ebenso die Zeit der Innerlichkeit und des Gewissens, und d. h. die Zeit der Religion überhaupt. Wir gehen einer völlig religionslosen Zeit entgegen; die Menschen können einfach, so wie sie nun einmal sind, nicht mehr religiös sein. (DBW 8, 402 f.)

Um Bonhoeffers Diagnose zu verstehen, muss man sich klarmachen, dass er mit «Religion» nicht all das meint, was im heutigen Sprachgebrauch darunter fällt, also jede Form von menschlichem Transzendenzbezug. Bonhoeffer verwendet einen engen Religionsbegriff, der durch einige wenige Merkmale bestimmt ist. Es sind vor allem vier: Metaphysik, Innerlichkeit, Individualismus und Partialität. In dieser Weise, so sein Befund, kann heute nicht mehr geglaubt werden. Metaphysik bestimmt Gott als höchstes, allmächtiges, weltenthobenes Wesen, das als Erklärungshypothese dient, wenn Menschen sich Weltzusammenhänge nicht erklären können, und das von außen in diese Welt eingreift, wenn Menschen an ihre Grenzen stoßen und sich nicht mehr selbst zu helfen wissen. Wenn der religiöse, metaphysische Gott seinen Ort an den Grenzen des Menschen hat, dann hat Religion ein Interesse daran, die Grenzen des Menschen besonders stark zu machen, nicht nur die Erkenntnisgrenzen des Menschen, sondern auch die inneren Grenzen, an denen er nicht mehr weiterweiß, seine Innerlichkeit. Nur mit Gott, so die religiöse These, kommt der Mensch mit seinen Fragen an diesen Grenzen, mit den so genannten letzten Fragen von Leid, Schuld und Tod, zurecht. Damit wird Religion aber wesentlich ein am Individualismus, an der persönlichen Sorge des Einzelnen um sein inneres Wohlbefinden und sein Seelenheil orientiertes Unterfangen. Allen drei Charakteristika, Metaphysik, Innerlichkeit und Individualismus, ist gemeinsam, dass Religion durch sie etwas Partielles wird, das nur einen Teilbereich des menschlichen Lebens, nie aber den Menschen als Ganzen betrifft.

Bonhoeffers Beobachtung ist nun, dass diese vier Merkmale keine anthropologischen Konstanten beschreiben, irgendwelche zum Menschen gehörigen notwendigen Bedürfnisse, sondern eine geschichtlich bedingte, vergängliche menschliche Ausdrucksform sind. Die Menschen sind in den letzten Jahrhunderten «mündig» geworden und können ohne einen derartigen göttlichen Vormund an Erkenntnisgrenzen und inneren Schranken leben:

> Die etwa im 13. Jahrhundert ... beginnende Bewegung in der Richtung auf die menschliche Autonomie (ich verstehe darunter die Entdeckung der Gesetze, nach denen die Welt in Wissenschaft, Gesellschafts- und Staatsleben, Kunst, Ethik, Religion lebt und mit sich selbst fertig wird) ist in unsrer Zeit zu einer gewissen Vollständigkeit gekommen. Der Mensch hat gelernt, in allen wichtigen Fragen mit sich selbst fertig zu werden ohne Zuhilfenahme der «Arbeitshypothese: Gott». ... es zeigt sich, daß alles auch ohne «Gott» geht, und zwar ebenso gut wie vorher. (DBW 8, 476 f.)

Sowohl im Bereich der Erkenntnis als auch im Bereich menschlichen Handelns ist «Gott als moralische, politische, naturwissenschaftliche Arbeitshypothese ... abgeschafft, überwunden» (DBW 8, 532). Und auch für die «letzten Fragen» gibt es «heute ... menschliche Antworten ..., die von Gott ganz absehen können. Menschen werden faktisch – und so war es zu allen Zeiten – auch ohne Gott mit diesen Fragen fertig» (DBW 8, 455).

Nach Bonhoeffers Einschätzung hat die Kirche zu lange gegen diese Entwicklung gekämpft. Sie hat von Gott unabhängige Welterklärungen wie den Darwinismus verteufelt und versucht,

> dem sicheren, zufriedenen, glücklichen Menschen nach[zuweisen], daß er in Wirklichkeit unglücklich und verzweifelt sei und das

nur nicht wahrhaben wolle, daß er sich in einer Not befinde, von der er garnichts wisse und aus der nur sie ihn retten [könne]. (DBW 8, 478)
Die Religiösen sprechen von Gott, wenn menschliche Erkenntnis (manchmal schon aus Denkfaulheit) zu Ende ist oder wenn menschliche Kräfte versagen – es ist eigentlich immer der deus ex machina, den sie aufmarschieren lassen, entweder zur Scheinlösung unlösbarer Probleme oder als Kraft bei menschlichem Versagen, immer also in Ausnutzung menschlicher Schwäche bzw. an den menschlichen Grenzen; das hält zwangsläufig nur solange vor, bis die Menschen aus eigener Kraft die Grenzen etwas weiter hinausschieben und Gott als deus ex machina überflüssig wird. (DBW 8, 407)

Immer wird Gott so von der Kirche «an irgendeiner allerletzten heimlichen Stelle hinein[ge]schmuggelt» (DBW 8, 511), anstatt die Mündigkeit der Menschen, ihre Religionslosigkeit einfach anzuerkennen.

Eine solche Anerkennung wäre kein resigniertes Sich-Abfinden mit den Tatsachen, sondern eine Konsequenz dessen, was nach Bonhoeffers Überzeugung bereits mit dem Kreuzestod Jesu Christi geschehen ist. Gott am Kreuz, das widerspricht der metaphysischen Vorstellung von einem allmächtigen Gott. Denn Christus am Kreuz ist durch Ohnmacht und Leiden gekennzeichnet. Gott selbst erleidet am Kreuz Schmerzen, Einsamkeit und Gottverlassenheit (vgl. Markus 15,34). Dieser ohnmächtige, leidende, gottverlassene Gott am Kreuz ist «die Umkehrung von allem, was der religiöse Mensch von Gott erwartet» (DBW 8, 535).

Doch durch Gottes Leiden werden Leid und Gottverlassenheit jedes Menschen neu qualifiziert; sie haben fortan ihren Ort bei und in Gott. Wer leidet, wer sich von Gott verlassen fühlt, ist nicht von Gott getrennt. Gott kommt ihm vielmehr immer schon entgegen. Ferner zeigt der ohnmächtige Gott, dass der Mensch nicht zu einem in die Welt von außen eingreifenden Gott Zuflucht nehmen kann. Gott lässt sich aus der Welt an den Rand drängen und bejaht damit die Mündigkeit der Welt. Der Mensch kann und muss selbstständig mit seinem Leben zurechtkommen – und gleichzeitig wissen, dass er «in der

Nähe und unter der Gegenwart Gottes leben» (DBW 8, 573) darf.

> Wir können nicht redlich sein, ohne zu erkennen, daß wir in der Welt leben müssen – «etsi deus non daretur» [als ob es Gott nicht gäbe]. Und eben dies erkennen wir – vor Gott! Gott selbst zwingt uns zu dieser Erkenntnis. So führt uns unser Mündigwerden zu einer wahrhaftigeren Erkenntnis unsrer Lage vor Gott. Gott gibt uns zu wissen, daß wir leben müssen als solche, die mit dem Leben ohne Gott fertig werden. Der Gott, der mit uns ist, ist der Gott, der uns verläßt (Markus 15,34)! Der Gott, der uns in der Welt leben läßt ohne die Arbeitshypothese Gott, ist der Gott, vor dem wir dauernd stehen. Vor und mit Gott leben wir ohne Gott. (DBW 8, 533 f.)

Ziel dieser vom Kreuz her gewonnenen Perspektive auf den modernen Menschen ist eine neue Weltlichkeit, in der Christen sich mutig und offen dieser Welt zuwenden. Sie sollen nicht mehr ängstlich um sich selbst kreisen, sondern für Andere da sein. «Die Kirche ist nur Kirche, wenn sie für andere da ist.» (DBW 8, 560) Dies geschieht, indem Menschen an dem Leiden dieser Welt und an dem Leiden Gottes an dieser Welt teilnehmen.

Bonhoeffer fordert vor dem Hintergrund dieser grundsätzlichen Überlegungen eine «nicht-religiöse Interpretation biblischer Begriffe» (DBW 8, 509), bei der das Christentum noch einmal neu gedacht wird. Obwohl oft anders verstanden, meint Bonhoeffer damit nicht, dass das Christentum seinen Glauben an Gott aufgeben, der Mensch auf religiöse Praxis wie Gebet und Kultus verzichten oder es keine Kirche mehr geben soll. Nein, all dies gehört zum Christentum. Aber es soll daran orientiert sein, wie Gott und Glaube und Kirche ohne die oben ausgeführten religiösen Elemente so zu denken sind, dass sie der Welt zugutekommen. Wie eine solche Interpretation konkret aussehen kann, konnte Bonhoeffer in den Briefen nur anreißen. Er begann, eine kurze Schrift darüber zu verfassen. Abschließen konnte er sie nicht mehr; auch erhalten ist sie nicht.

Am 20. Juli 1944 scheiterte der Attentatsversuch von Oberst Claus Schenk Graf von Stauffenberg. In der Folge wurden, neben vielen anderen Beteiligten, auch Dietrich Bonhoeffers

Bruder Klaus und sein Schwager Rüdiger Schleicher verhaftet und am 23. April 1945 in Moabit ermordet.

Bonhoeffers Brief an Bethge vom 21. Juli 1944 spiegelt das Wissen um den gescheiterten Attentatsversuch wider. Nicht die Frage, was aus einem selbst wird, ist entscheidend, sondern, dass man verantwortlich im Diesseits lebt: Man lernt

> erst in der vollen Diesseitigkeit des Lebens glauben … Wenn man völlig darauf verzichtet hat, aus sich selbst etwas zu machen – sei es einen Heiligen oder einen bekehrten Sünder oder einen Kirchenmann …, einen Gerechten oder einen Ungerechten, einen Kranken oder einen Gesunden – und dies nenne ich Diesseitigkeit, nämlich in der Fülle der Aufgaben, Fragen, Erfolge und Mißerfolge, Erfahrungen und Ratlosigkeiten leben, – dann wirft man sich Gott ganz in die Arme, dann nimmt man nicht mehr die eigenen Leiden, sondern das Leiden Gottes in der Welt ernst, dann wacht man mit Christus in Gethsemane, und ich denke, das ist Glaube, das ist μετάνοια [Umkehr, Buße]; und so wird man ein Mensch, ein Christ. (DBW 8, 542)

«Brautbriefe Zelle 92»

Zu Beginn von Bonhoeffers Gefangenschaft, als er allein den Eltern schreiben durfte, erfuhr Maria von Wedemeyer nur indirekt etwas von ihrem Verlobten. Sie schrieb Briefe an ihn, die sie nicht abschickte, so beispielsweise einen Monat nach der Verhaftung:

> Es gibt wohl keine Stunde am Tag in der meine Gedanken Dich nicht suchten. Wenn ich morgens um 6 Uhr durch den Garten gehe, um zum Krankenhaus zu kommen, dann weiß ich, daß Du nun auch wach bist und vielleicht grade dann auf den gleichen Himmel schaust, wie ich. Den 4 kleinen Kindern, … die ich versorge, erzähle ich beim Zurechtmachen viele und lange Geschichten vom «Onkel Dietrich». Wenn ich scheuere und putze, so denke ich im Takt dazu: Dietrich, Dietrich. Und wenn ich mich mit meinem Frauensaal über Vornamen unterhalte, so kannst Du sicher sein, daß nachher einstimmig «Dietrich» als der schönste erklärt wird. Jeden Abend nehme ich Dein Bild in die Hand und dann erzähle ich Dir viel, von «weißt Du noch» und von «später», so viel daß ich es schließlich selbst glauben muß, daß der Schritt zu beidem über das zeitlich Näherliegende *klein*

ist. Ich sage Dir dann all das, was sich nicht schreiben läßt – schon gar nicht, wenn andere Leute den Brief auch noch lesen müssen – aber was Du ja weißt, auch ohne daß ich es schreibe. (Brautbriefe, 5 f.)

Am 24. Juni 1943 sahen sie sich zum ersten Mal seit der von der Mutter geforderten Trennungszeit wieder, unter den Augen von Manfred Roeder. Wenig später durfte Bonhoeffer auch Maria von Wedemeyer schreiben. Beider Briefe, die 1992 unter dem Titel *Brautbriefe Zelle 92* veröffentlicht wurden, sind voller Liebe und fürsorglicher Beruhigung des anderen, er solle sich keine Sorgen machen, lange Zeit getragen von der Hoffnung auf eine gemeinsame Zukunft. Dietrich Bonhoeffer schreibt an Maria von Wedemeyer:

> Du kannst es garnicht ermessen, was es für mich in meiner jetzigen Lage bedeutet, Dich zu haben. Es ist mir gewiß, daß hier eine besondere Führung Gottes über mir waltet. Die Art, wie wir uns gefunden haben, und der Zeitpunkt so kurz vor meiner Verhaftung sind mir zu deutliche Zeichen dafür; es ging wieder einmal «hominum confusione et dei providentia» [nach der Menschen Verwirrung und Gottes Vorsehung]. Täglich überwältigt es mich aufs neue, wie unverdient ich solches Glück erfuhr, und täglich bewegt es mich tief, in eine wie harte Schule Gott Dich im letzten Jahr genommen hat, und wie es offenbar sein Wille ist, daß ich Dir, kaum daß wir uns kennen, Leid und Kummer zufügen muß, damit unsere Liebe zueinander den rechten Grund und die rechte Tragkraft bekommt. Wenn ich dazu die Lage der Welt, die völlige Dunkelheit über unserem persönlichen Schicksal und meine gegenwärtige Gefangenschaft bedenke, dann kann unser Bund – wenn er nicht Leichtsinn war und das war er bestimmt nicht, – nur ein Zeichen der Gnade und Güte Gottes sein, die uns zum Glauben ruft. ... Bei Jeremia heißt es in der größten Not seines Volkes «noch soll man Häuser und Äcker kaufen in diesem Lande» als Zeichen des Vertrauens auf die Zukunft. Dazu gehört Glaube; Gott schenke ihn uns täglich; ich meine nicht den Glauben, der aus der Welt flieht, sondern der in der Welt aushält und die Erde trotz aller Not, die sie uns bringt, liebt und ihr treu bleibt. Unsere Ehe soll ein Ja zu Gottes Erde sein, sie soll uns den Mut, auf der Erde etwas zu schaffen und zu wirken, stärken. Ich fürchte, daß die Christen, die nur mit einem Bein auf der Erde zu stehen wagen, auch nur mit einem Bein im Himmel stehen. (Brautbriefe, 38)

«Brautbriefe Zelle 92»

Die Beziehung lebt von beider Vertrauen auf Gott. Dennoch sind es nicht so sehr theologische Fragen, über die sie sich austauschen, auch wenn Maria von Wedemeyer versucht, sich mit seiner Gedankenwelt vertraut zu machen: «Abends lese ich dann immer ein bischen in Deinen Büchern. Manches verstehe ich nicht, und ich freue mich darauf, es Dich endlich einmal fragen zu können.» (Brautbriefe, 11) Sie berichtet viel aus ihrem Alltag und plant schon die Einrichtung des gemeinsamen Haushalts. Er gibt ihr Empfehlungen für Bücher, die sie lesen soll, weil er ihren Literaturgeschmack bislang unpassend findet. Die Briefe zeigen aber auch, wie sehr beide unter der Trennung und der ungewissen Zukunft leiden. Am Jahrestag ihrer Verlobung, dem 13. Januar 1944, schreibt sie:

> Du sollst nicht denken, wieder etwas gut machen zu müssen. Sieh, das darfst Du nicht schreiben. Du tust nur weh damit. Es ist doch gar nicht mein Schmerz, sondern es ist der Deine. Und Du gibst mir einen Teil Deines Schmerzes zu tragen mit … Und denk, darum hab ich ihn lieb, weil wir ihn gemeinsam tragen dürfen. Es gibt so wenige Dinge, die wir gemeinsam haben. (Brautbriefe, 117)

Gegenüber Bethge offenbarte Bonhoeffer allerdings auch seine Unsicherheit in Bezug auf die Beziehung, vor allem weil man sich doch noch gar nicht richtig kenne und weil in ihm, Bonhoeffer, Liebe «erst ganz aus dem vollen Kennen des anderen Menschen oder jedenfalls aus dem intensiven Zusammensein mit ihm» (DBW 8, 302) erwachse. Er sei sich sicher, dass das sich gegenüber Maria von Wedemeyer so entwickeln werde, aber er nehme in ihren Briefen eine Intensität wahr, angesichts der er sich frage, ob er ihr gegenüber nicht unehrlich sei.

Gelegentlich durfte Maria von Wedemeyer Dietrich Bonhoeffer besuchen. In Reaktion auf eine Sprecherlaubnis schickte er ihr Anfang Juni 1944 das Gedicht «Vergangenheit»:

> Du gingst, geliebtes Glück und schwer geliebter Schmerz,
> wie nenn' ich dich? Not, Leben, Seligkeit.
> Teil meiner selbst, mein Herz, – Vergangenheit?
> Es fiel die Tür ins Schloß,
> ich höre langsam Schritte sich entfernen und verhallen.

Abb. 12: Maria von Wedemeyer in Pätzig.

Was bleibt mir? Freude? Qual? Verlangen?
Ich weiß nur dies: du gingst – und alles ist vergangen.

Spürst du, wie ich jetzt nach dir greife,
mich an dir festklammere, daß es dir wehtun muß?
Wie ich dir Wunden reiße, daß dein Blut quillt,
nur um deiner Nähe gewiß zu bleiben,
du leibliches, irdisches, volles Leben?
Ahnst du, daß ich jetzt ein Verlangen habe nach eigenen Schmerzen,
daß ich mein eigenes Blut zu sehen begehre, nur damit nicht alles versinke – im Vergangenen.

...
Ich strecke die Hände aus
und bete – –
und ich erfahre das Neue:
Vergangenes kehrt dir zurück
als deines Lebens lebendigstes Stück
durch Dank und durch Reue.

Faß' im Vergangenen Gottes Vergebung und Güte
bete, daß Gott dich heute und morgen behüte.
(Brautbriefe, 192. 194)

Berühmt geworden sind die Verse, die Dietrich Bonhoeffer an Maria von Wedemeyer Ende 1944 sandte, als er bereits in das Kellergefängnis in der Prinz-Albrecht-Straße verlegt worden war. In dem Brief, dem das Gedicht beigefügt ist, heißt es:

> Ich [habe] mich noch keinen Augenblick allein und verlassen gefühlt. Du, die Eltern, Ihr alle, die Freunde und Schüler im Feld, Ihr seid mir immer ganz gegenwärtig. Eure Gebete und guten Gedanken, Bibelworte, längst vergangene Gespräche, Musikstücke, Bücher bekommen Leben und Wirklichkeit wie nie zuvor. Es ist ein großes unsichtbares Reich, in dem man lebt und an dessen Realität man keinen Zweifel hat. (Brautbriefe, 208)

Bonhoeffers Gedicht «Von guten Mächten» beschreibt diese Wirklichkeit. Es ist sein «Weihnachtsgruß» an Maria von Wedemeyer und seine Familie. Weiß man um die Situation, in der es entstanden ist, liest es sich anders als mit froher Gitarrenbegleitung gesungen:

> 1. Von guten Mächten treu und still umgeben
> behütet und getröstet wunderbar, –
> so will ich diese Tage mit euch leben
> und mit euch gehen in ein neues Jahr;
>
> 2. noch will das alte unsre Herzen quälen
> noch drückt uns böser Tage schwere Last,
> Ach Herr, gib unsern aufgeschreckten Seelen
> das Heil, für das Du uns geschaffen hast.
>
> 3. Und reichst Du uns den schweren Kelch, den bittern,
> des Leids, gefüllt bis an den höchsten Rand,
> so nehmen wir ihn dankbar ohne Zittern
> aus Deiner guten und geliebten Hand.
>
> 4. Doch willst Du uns noch einmal Freude schenken
> an dieser Welt und ihrer Sonne Glanz,
> dann woll'n wir des Vergangenen gedenken,
> und dann gehört Dir unser Leben ganz.
>
> …

7. Von guten Mächten wunderbar geborgen
erwarten wir getrost, was kommen mag.
Gott ist bei uns am Abend und am Morgen,
und ganz gewiß an jedem neuen Tag.
(Brautbriefe, 209)

Die letzten Monate

Seit dem Fund des Geheimarchivs der Widerstandsgruppe der Abwehr in Zossen am 22. September 1944, dem zu entnehmen war, dass Bonhoeffer an den Umsturzplänen im Rahmen des 20. Juli beteiligt war, konnte Bonhoeffer nicht mehr auf Freilassung hoffen. Ende September wurde noch eine Flucht erwogen. Ein Bewacher war bereit, ihm dabei zu helfen. Doch weil am 1. Oktober sein Bruder Klaus verhaftet wurde und zu befürchten war, dass Familie und Verlobte im Falle einer Flucht weiterer Gefährdung ausgesetzt würden, entschloss sich Bonhoeffer dagegen.

Am 8. Oktober 1944 wurde Bonhoeffer ins Kellergefängnis des Reichssicherheitshauptamtes in der Prinz-Albrecht-Straße verlegt. Er war dort gemeinsam mit Admiral Canaris, General Oster, Carl Goerdeler, seinem Schwager Hans von Dohnanyi und Maria von Wedemeyers Cousin Fabian von Schlabrendorff inhaftiert. Nur noch drei Briefe durfte er schreiben. Erneute Verhöre fanden statt.

Am 3. Februar 1945 kam es zu einem schweren Luftangriff auf Berlin. Auch das Reichssicherheitshauptamt wurde stark beschädigt. Deshalb wurde Bonhoeffer am 7. Februar zusammen mit 19 anderen wichtigen Häftlingen in einem Häftlingsblock im Konzentrationslager Buchenwald untergebracht. Am 3. April wurde diese Gruppe nach Schönberg im Bayerischen Wald transportiert. Ein Überlebender berichtete, Bonhoeffer habe am 7. April noch eine Morgenandacht mit den Mithäftlingen gehalten. Danach wurde er von der Gruppe getrennt und in das Konzentrationslager Flossenbürg gebracht. Payne Best, ein Mitgefangener, berichtete später, Bonhoeffer habe ihm eine Botschaft an George Bell aufgetragen und ihn zweimal gebeten, den Inhalt wörtlich zu wiederholen, so dass – auch wenn Bell das später verneinte – zu vermuten ist, dass eine verschlüsselte Botschaft darin enthalten war, zu deren Bedeutung es verschiedene Vermutungen gibt:

> Sagen Sie ihm, daß dies für mich das Ende ist, aber auch der Anfang – mit ihm glaube ich an den Grund unserer universalen christlichen Bruderschaft, die sich über alle nationalen Haßgefühle erhebt, und daß unser Sieg gewiß ist – sagen Sie ihm auch, daß ich nie seine Worte bei unserer letzten Begegnung vergessen habe. (DBW 16, 468, Übers. C. T.)

Dietrich Bonhoeffer wurde in Flossenbürg am 8. April durch ein Standgericht zum Tode verurteilt. Am 9. April 1945, nur drei Wochen vor Kriegsende, wurde er zusammen mit Wilhelm Canaris, Ludwig Gehre, Hans Oster, Karl Sack und Theodor Strünck durch Erhängen ermordet.

Epilog: Ein moderner Heiliger?

Die Rezeption Bonhoeffers nach 1945

Für die große Bekanntheit und Beliebtheit Dietrich Bonhoeffers sind vor allem seine konsequente, mutige Lebensführung in der Diktatur und sein frühes, gewaltsames Ende verantwortlich. Seine Ermordung durch die Nazis wirkt wie eine Bestätigung der Richtigkeit seines Lebensweges. Für viele Menschen ist Bonhoeffer ein Mahnmal geworden, wie verantwortungsvolles Tun im Nationalsozialismus hätte aussehen müssen. Gleichzeitig wird er als Vorbild für glaubwürdiges Christsein heute bemüht.

Bei einem Blick auf die Bonhoeffer-Rezeption fällt zunächst auf, wie stark er für die eigenen Anliegen vereinnahmt wird, und zwar von ganz unterschiedlichen kirchlichen Gruppierungen und ganz verschiedenen theologischen Richtungen. Kritiker der institutionellen Kirche beziehen sich auf ihn genauso wie Repräsentanten kirchlicher Institutionen. Liberale Theologen zitieren Bonhoeffer ebenso wie konservative Gruppen. Die Vertreter der unterschiedlichen Positionen ziehen dabei meist unterschiedliche Texte Bonhoeffers heran. In der Befreiungstheologie finden vor allem die Texte aus der Haft Resonanz, in pietistisch orientierten Kreisen hingegen die Texte zu Nachfolge und Gemeinschaft aus der Finkenwalder Zeit. Gern werden einzelne Sätze Bonhoeffers aus dem sachlichen und historischen Zusammenhang gerissen. Ihr Wahrheitsgehalt scheint über jeden Zweifel erhaben zu sein. Angesichts gegenwärtiger Problemstellungen wird naiv gefragt, was Bonhoeffer dazu sagen würde.

Dass Bonhoeffer zur Beglaubigung ganz verschiedener Positionen herangezogen wird, hängt zunächst mit der theologischen Bandbreite seines Werkes zusammen. Ein weiterer Grund ist der fragmentarische Charakter vieler seiner Texte. Bonhoeffer hat nur etwa ein Fünftel von ihnen selbst zur Veröffentlichung gebracht. Viele Schriften konnte er nicht abschließen, sie sind dadurch für vielerlei Deutungen offen. Der dritte, bereits oben genannte Grund für die Instrumentalisierbarkeit Bonhoeffers ist sein ungewöhnlicher, als Vorbild geeigneter Lebensweg und sein frühzeitiger Tod.

Das Interesse an Leben und Denken Dietrich Bonhoeffers hat kurz nach seinem Tod nicht in Deutschland, sondern im Ausland eingesetzt, und zwar auf Veranlassung seiner Freunde in der Ökumene. Am 27. Juli 1945 hielten Bischof George Bell und Bonhoeffers Freunde Franz Hildebrandt und Julius Rieger in London einen Gedenkgottesdienst für ihn ab. Bereits zum Jahresende 1945 veröffentlichte der Ökumenische Rat der Kirchen unter der Leitung von Willem Visser 't Hooft einen Gedenkband mit dem Titel *Das Zeugnis eines Boten*. In ihm wurden erstmals Texte aus Bonhoeffers Haftzeit publiziert. Sowohl in dem Londoner Gottesdienst als auch in dem Gedenkband wird Bonhoeffer ohne Zögern als Zeuge Jesu Christi und als Märtyrer gewürdigt, während man sich in Deutschland mit solchen Begriffen in Bezug auf Bonhoeffer deutlich schwerer tat. Mit Verspätung wurde Dietrich Bonhoeffer aber auch in Deutschland wahrgenommen. Eberhard Bethge gab zwar an Bonhoeffers erstem Todestag, dem 9. April 1946, unter dem Titel *Auf dem Wege zur Freiheit* zum ersten Mal die Gedichte Bonhoeffers aus der Haft in Tegel heraus. Doch die Auseinandersetzung mit Bonhoeffer setzte in Deutschland erst einige Jahre danach ein.

Die Nachkriegsrezeption Bonhoeffers begann also nicht mit der wissenschaftlichen Erforschung seiner Theologie, sondern mit dem Respekt und der Faszination für seinen Lebensweg und seine Person. In diesen Kontext gehören auch Stilisierungen seiner Biographie wie die des Lagerarztes von Flossenbürg, der bei Bonhoeffers Hinrichtung anwesend war. Er berichtete über Bonhoeffers Tod, dieser sei mutig zum Galgen emporgestiegen und nach wenigen Sekunden in großem Gottvertrauen gestorben. Inzwischen hat sich dies als eine Erfindung des Arztes herausgestellt, die die tatsächlichen Abläufe beschönigt.

Vor allem in Deutschland hatte man anfangs große Schwierigkeiten mit Bonhoeffers politischem, Gewalt einschließendem

Widerstand. Man hinterfragte sein Verhalten angesichts der christlichen Pflicht, der «Obrigkeit untertan» zu sein. War es nicht die Aufgabe des Christen, dem Staat gehorsam zu sein, weil dieser seine Autorität von Gott hat? War Bonhoeffers Beteiligung eine verantwortungsvolle Tat oder doch eher Vaterlandsverrat? Bonhoeffers Entscheidungen wurden in dieser Zeit der gleichen Kritik ausgesetzt wie die der anderen Widerständler des 20. Juli. Aus theologischer Sicht schien sein verschwörerisches Verhalten nicht zu seinen Ermahnungen zum Frieden in den dreißiger Jahren zu passen; es wirkte, als hätte er durch seine Befürwortung des Attentats seine Friedensorientierung aufgegeben. Deshalb urteilten einige, Bonhoeffer habe in den letzten Jahren nicht mehr auf der Basis christlicher Ethik gehandelt; nur sein Engagement in der Bekennenden Kirche sei als christlich zu würdigen.

Doch es gab auch andere Stimmen. Vor allem Eberhard Bethge interpretierte Bonhoeffers Beteiligung am Widerstand als unmittelbaren Ausdruck seines christlichen Glaubens. Von anderen wurde herausgestellt, dass selbst für Martin Luther gewaltsamer Widerstand in gewissen Konstellationen denkbar war. So änderten sich nach und nach die Bewertung der Attentäter vom 20. Juli und damit auch die Einschätzung von Bonhoeffers politischem Engagement.

In den fünfziger Jahren setzte allmählich auch ein wissenschaftliches Interesse an Bonhoeffer ein, ausgelöst vor allem durch Eberhard Bethges Edition von *Widerstand und Ergebung* 1951. Bonhoeffers fragmentarische Ausführungen über eine mündige Welt und die Notwendigkeit eines nichtreligiösen Christentums wurden von vielen als befreiend und wegweisend begeistert aufgenommen. Bonhoeffers Thesen halfen dabei, den christlichen Glauben in einer Gesellschaft, in der sich immer weniger Menschen als religiös verstanden, nach wie vor für relevant und lebbar zu halten. Seine Forderung nach einer anderen, befreienden Sprache und nach einer Neuinterpretation der klassischen christlichen Themen befreite zu einem Christsein, das den modernen Menschen in seiner Weltlichkeit und Selbstständigkeit ernst nimmt.

Das Erscheinen von *Widerstand und Ergebung* weckte bei vielen Lesern Interesse an Bonhoeffers anderen theologischen Texten. Die wissenschaftliche Beschäftigung mit Bonhoeffer begann so vom Ende her. Seine *Ethik* wurde interessant als eine Vorbereitung auf seine Theologie in der Haft. *Nachfolge* und *Gemeinsames Leben* wurden in ihrer Spannung zu den späteren Überlegungen wahrgenommen und teilweise als Rückzug aus der Welt interpretiert, als eine Haltung, von der Bonhoeffer sich dann mit seinen späten Texten befreit habe. Die frühen akademischen Schriften schließlich wurden auf Grundmotive hin befragt, die auch später noch tragend waren.

Erst in letzter Zeit hat man kritisch wahrgenommen, wie sehr eine Lektüre vom Ende her Interpretationen verfälschen kann. Dann meint man in früheren Texten bestimmte Gedankenfiguren auffinden zu können, die sich dort so noch gar nicht finden. Inzwischen werden die frühen und mittleren Texte Bonhoeffers viel stärker als zuvor aus sich heraus gewürdigt und weniger als Vorbereitung zu den späten Schriften.

Für die Wahrnehmung von Bonhoeffers Leben und Theologie wurden um 1970 zwei Gesamtdarstellungen grundlegend: Die monumentale Bonhoeffer-Biographie von Eberhard Bethge erschien 1967 und ist nach wie vor das Standardwerk zum Leben Dietrich Bonhoeffers. 1971 folgte die Dissertation des katholischen Theologen Ernst Feil mit dem Titel *Die Theologie Dietrich Bonhoeffers. Hermeneutik – Christologie – Weltverständnis*.

Eberhard Bethge ist bis heute der wichtigste Interpret Bonhoeffers. Ohne ihn wäre Dietrich Bonhoeffer nur wenigen bekannt. Durch seine Biographie und seine Edition von Bonhoeffers unveröffentlichten Texten sowie mit seiner umfangreichen Vortragstätigkeit im In- und Ausland hat er das Bonhoeffer-Bild derjenigen geprägt, die den widerständigen Theologen nicht mehr selbst kennengelernt haben. Bethge gliederte Bonhoeffers Lebensweg in drei Phasen: die des wissenschaftlichen Theologen (bis 1931), die des konsequenten Christen (bis 1940) und die des kritischen Zeitgenossen (ab 1940). Seine Biographie hat deshalb den prägnanten Untertitel «Theologe – Christ – Zeitgenosse».

Lange wurde in der Bonhoeffer-Forschung darüber gestritten, ob eine jeweils neue Phase bei Bonhoeffer die Abwendung von der vorangehenden bedeutete und ob gar, wie manche Interpreten meinten, erst der späte Bonhoeffer der «wahre Bonhoeffer» war. Vor allem die Frage, wie der «mittlere Bonhoeffer» der Finkenwalder Zeit einzuordnen ist, war dabei strittig. In jüngster Zeit setzt sich die Ansicht durch, dass Bonhoeffer im Laufe seines Lebens auf je neue persönliche, theologische und politisch-gesellschaftliche Herausforderungen reagiert, an Grundentscheidungen aber festgehalten hat. Dazu gehören die starke Orientierung an Jesus Christus und an der Kirche sowie die Suche nach einem immer auch das Handeln des Menschen einbeziehenden Christsein.

Die mehrfach neu aufgelegte systematische Darstellung zur Theologie Bonhoeffers von Ernst Feil macht ein besonderes Phänomen der Rezeption deutlich: seine breite Aufnahme in der katholischen Theologie. Nur wenige andere evangelische Theologen des 20. Jahrhunderts sind mit so vielen monographischen Untersuchungen von katholischer Seite bedacht worden wie Dietrich Bonhoeffer.

Bonhoeffer spielte evangelischerseits in kirchlichen Stellungnahmen zu politischen Fragen in der Bundesrepublik Deutschland und der DDR lange eine wichtige Rolle. Er wurde Sinnbild der christlichen Verpflichtung, sich politisch zu engagieren. Als vorbildlich galt seine frühe Wahrnehmung von politischen Fehlentwicklungen, etwa der nationalsozialistischen Judenpolitik. Insbesondere in der Friedensbewegung der achtziger Jahre wurde an Bonhoeffers pazifistische Äußerungen erinnert. Bonhoeffers Idee zu einem Friedenskonzil der Kirchen, die er in Fanø formulierte, wurde auf dem Deutschen Evangelischen Kirchentag 1985 aufgegriffen und war ein wichtiger Anstoß für den sogenannten Konziliaren Prozess der Kirchen für Gerechtigkeit, Frieden und Bewahrung der Schöpfung.

In der DDR wurde Bonhoeffer vielleicht noch stärker als in der BRD zu einer christlichen Leitfigur. Ebenso prominent wie umstritten war der Versuch, seine nichtreligiöse Interpretation des christlichen Glaubens als Ermutigung dafür zu lesen, in einer sozialistischen Gesellschaft Kirche zu sein. Auch in der DDR habe die Kirche ihre Verantwortung wahrzunehmen, habe «Kirche für andere» zu sein. Die Formel «Kirche im Sozialismus» geht auf diese von Bonhoeffer inspirierte Sichtweise zurück. Sie wurde jedoch unterschiedlich gedeutet. War damit eine Akzeptanz der sozialistischen Wirklichkeit durch die Kirche gemeint oder ein kritisches Sich-Einmischen zugunsten eines – wie Heino Falcke formulierte – «verbesserlichen Sozialismus»? In anderen kommunistischen Ländern Osteuropas diente Bonhoeffer ebenfalls als Anregung dafür, wie man als Kirche ohne Privilegien in einer säkularen Gesellschaft leben konnte.

Auch in der DDR erschienen zahlreiche wissenschaftliche Arbeiten zu Bonhoeffers Theologie, allerdings auch ideologische Werke, die mit Bonhoeffer den real existierenden Sozialismus verteidigten. Zu Letzteren gehört die erste Gesamtdarstellung der Theologie Bonhoeffers aus der Feder des Berliner Theologen Hanfried Müller. Müller zufolge entwickelte sich Bonhoeffer *Von der Kirche zur Welt*, wie der Titel seines 1961 erschienenen Buches lautet. Die späte Theologie Bonhoeffers war für ihn die Grundlage für eine dem Christen mögliche umfassende Zustimmung zum atheistischen Marxismus. Im Gefolge solcher Interpretation vereinnahmte die DDR Bonhoeffer als «antifaschistischen Widerstandskämpfer». Die Ost-CDU pries die DDR als die Zukunft an, für die Bonhoeffer sich eingesetzt habe.

Aber Bonhoeffer wurde auch von der anderen Seite als Kronzeuge bemüht: Viele Oppositionelle fühlten sich durch ihn zum Widerstand gegen die Ungerechtigkeiten des sozialistischen Staates ermutigt. Bonhoeffers *Ethik* durfte deshalb in der DDR nicht veröffentlicht werden.

Wie kaum ein anderer deutscher Theologe des 20. Jahrhunderts wurde Bonhoeffer international rezipiert, und zwar nicht nur an den Universitäten, sondern auch bei Pfarrern, Religionslehrern und Gemeindegliedern. Seine Bücher wurden in zahlreiche Sprachen übersetzt. In vielen Ländern gibt es Sektionen der 1971 ins Leben gerufenen Internationalen Bonhoeffer-

Gesellschaft, die das Erbe Bonhoeffers aus wissenschaftlicher und kirchlicher Perspektive pflegt und für die Gegenwart fruchtbar machen will.

Im englischsprachigen Raum sorgte in den sechziger Jahren die Bezugnahme auf Bonhoeffer in der so genannten Gott-ist-tot-Theologie für Furore. Zahlreiche Formeln Bonhoeffers wurden in dieser Theologie, die auf einen personalen, weltjenseitigen Gott verzichtet, aufgenommen, etwa die Aussage, der mündige Mensch lebe «vor und mit Gott ... ohne Gott». Durch diesen Abschied vom Theismus wurden zentrale Grundelemente des christlichen Glaubens transformiert oder gar zurückgewiesen mit dem Ziel, einen neuen, säkularen Glauben zu entfalten. Bonhoeffers späte Theologie wird damit jedoch verkürzt und sein Gedanke eines «weltlichen Christentums» mit Säkularismus verwechselt.

Ideengebend war Bonhoeffers Theologie außerdem für die amerikanische Black Theology, die Schwarze Befreiungstheologie. Für sie ist Bonhoeffer wegen der existentiellen Verwurzelung seines Denkens und seines folgerichtigen Handelns ein vorbildlicher Theologe. Auch für andere Richtungen der nord- und lateinamerikanischen Befreiungstheologie war Bonhoeffer Impulsgeber. Daneben wurde er von konservativen wie liberalen Politikern ganz unterschiedlicher Couleur vereinnahmt. Gleichzeitig entstanden in den USA zahlreiche Forschungsarbeiten zu Bonhoeffers Theologie, die hier, anders als in Deutschland, als Grundlage neuer individual- und sozialethischer Konzeptionen dienten.

In den USA ist die Bonhoeffer-Faszination nach wie vor ungebrochen. Dabei werden ganz unterschiedliche Bonhoeffer-Bilder gepflegt. Von liberaler Seite wird er als Symbol für einen kritischen Patriotismus in Anspruch genommen, der die Politik der US-Regierung (etwa das militärische Engagement in der muslimischen Welt) kritisiert und gerade damit seinem Land den größten Dienst erweise. Konservative dagegen verehren Bonhoeffer als einen beispielhaften Christen, der in persönlicher Christusnachfolge gelebt und vorbildlich gegen «das Böse in der Welt» gekämpft hat. Dabei wird Bonhoeffers Kritik an der

Kirche seiner Zeit gerne für eine Kritik am gegenwärtigen amerikanischen Christentum bemüht.

Besonders inspirierend wirkte Bonhoeffer auf die Opposition in undemokratischen Ländern, in denen Widerstand gegen die Unterdrückung gefragt war. Seit einer Vortragsreise Eberhard Bethges 1973 nach Südafrika spielte Bonhoeffers Theologie in den dortigen politischen Auseinandersetzungen eine Rolle. Im Kampf gegen die Apartheid diente sein furchtloser Lebensweg als Vorbild. Wie einst Bonhoeffer wollte man nun selbst «dem Rad in die Speichen fallen». Durch sein Wirken sah man die Kirche zur Einmischung in politische Fragen ermächtigt. Bonhoeffers Kampf gegen judenfeindliche Politik wurde auf die Rassendiskriminierungen vor Ort angewandt; eine solche Diskriminierung dürfe die Kirche nicht unterstützen, sie sei theologisch nicht zu legitimieren. Nach den ersten demokratischen Wahlen 1994 wurde Bonhoeffers Forderung nach einem Schuldbekenntnis der Kirche angesichts ihres Versagens im Nationalsozialismus auf die kirchliche Situation in Südafrika übertragen; ohne ein Schuldbekenntnis der Kirchen könne es keine Versöhnung geben.

Auch in Ländern Asiens, in denen Christen eine Minderheit bilden, spielten Bonhoeffers Leben und Werk eine besondere Rolle. In Japan führte die Beschäftigung mit Bonhoeffer nach dem Zweiten Weltkrieg zu harter Selbstkritik, weil man erkannte, dass Christen gegen den nationalistischen, totalitären Staats-Shintoismus der vergangenen Jahrzehnte hätten Widerstand leisten dürfen und müssen. In Südkorea bezogen sich Christen im Kampf gegen die Militärdiktatur der sechziger und siebziger Jahre auf Bonhoeffers politischen Widerstand. Seine Lebensgeschichte ermutigte zu eigenem Widerstehen, seine Aufforderung zu einem diesseitigen, dem Leiden nicht ausweichenden Christentum half, eigene Leiden auszuhalten. Bonhoeffer wurde in die koreanische Minjung-Theologie, die sich für Gerechtigkeit, Menschenrechte und Demokratie einsetzt, integriert.

Neben den politischen Motiven gibt es noch einen ganz anderen Grund für Dietrich Bonhoeffers weltweite Beliebtheit: Seine

Texte, vor allem die Gedichte, aber auch andere prägnante Aussagen, eignen sich hervorragend für erbauliche Geschenkbändchen, Poster und Postkarten. Man musste nicht ganze Bücher lesen, um sich von seinen Ideen anregen zu lassen. Auch weitere Medien ermöglichten einen Zugang: Einige von Bonhoeffers Gedichten wurden vertont, sein Leben wurde in Oratorien und Theaterstücken, Romanen, Spielfilmen und Dokumentationen in Szene gesetzt, Maler und Bildhauer stellten ihn dar. Bonhoeffer entfaltete damit jenseits der akademischen Theologie eine Breitenwirkung, die eine wissenschaftliche Beschäftigung mit ihm dem Verdacht aussetzte, damit letztlich unwissenschaftliche Ziele zu verfolgen.

Inzwischen ist die Bonhoeffer-Rezeption selbst zum Gegenstand wissenschaftlicher Beschäftigung geworden. Fast alle Zeitzeugen und die Bonhoeffer-Forscher der ersten Generation leben nicht mehr, die Wissenschaftler der zweiten Generation sind im Ruhestand. Für jüngere Forscher liegt das «Dritte Reich» weit zurück. Sie können Bonhoeffers Texte, aber auch die Bonhoeffer-Bilder der vergangenen Jahrzehnte viel unbefangener in ihrem politischen und ideengeschichtlichen Kontext betrachten. Mit dieser Historisierung geht ein kritischerer Blick auf Bonhoeffer einher, der von heutigen moralischen und gesellschaftspolitischen Positionen geprägt ist. So werden seine Aussagen zur Geschlechterfrage oder seine konservativen politischen Positionen bemängelt. Gleichzeitig wird seine Rolle bei der Rettung jüdischer Menschen und seine Beteiligung am politischen Widerstand nüchtern gesichtet und seine früher betonte Einzigartigkeit kritisch hinterfragt. Das Bild eines einsamen, gerechten Rufers in der Wüste verblasst. Insofern wird inzwischen der 1982 von Eberhard Jüngel formulierten Forderung mehr und mehr Rechnung getragen:

> Um das Werk Bonhoeffers hat sich, wohl veranlaßt durch seinen Lebenslauf und dessen gewaltsames Ende, aber sehr zum Schaden eben dieses seines Werkes der Nimbus theologischer Unangreifbarkeit gelegt. Man sollte diesen Nimbus zerstören, um Bonhoeffers willen. (Das Geheimnis der Stellvertretung, in: ders., Wertlose Wahrheit, 1991, 253)

Dietrich Bonhoeffer heute

Obwohl viele von Bonhoeffers Texten auch heutige Leserinnen und Leser ansprechen, darf man nicht übersehen, dass sie vor siebzig bis achtzig Jahren geschrieben wurden. Bonhoeffers Einsichten beziehen sich auf eine andere gesellschaftliche, politische und geistige Situation und dürfen nicht unmittelbar auf heute übertragen werden. Etliche Ansichten Bonhoeffers können wir heute nicht mehr teilen. Dazu zählen, wie gesagt, sein konservatives Politikverständnis und sein traditionelles Familienbild.

Aber auch mit den Positionen Bonhoeffers, die aktueller zu sein scheinen, darf man es sich nicht zu leicht machen. Viele seiner Entscheidungen, die wir heute für gut, richtig und selbstverständlich halten, waren in der damaligen Situation alles andere als unstrittig. Auch kann seine Radikalität und Unnachgiebigkeit, die in vielem der besonderen politischen Situation geschuldet war, nicht einfach für die heutige Zeit übernommen werden. Trotzdem lohnt es sich, nicht bei der Historisierung stehenzubleiben, sondern abschließend nach der Aktualität von Bonhoeffers Denken zu fragen. Dabei kann es nur darum gehen, Impulse wahrzunehmen, die zu eigenem Denken und Urteilen in unserer ganz anderen Situation anregen.

Zunächst ist Bonhoeffer heute nach wie vor als ein Mensch interessant, der versucht hat, den Zusammenhang von Glauben, Theologie und Leben zu wahren. Glauben und Theologie waren für ihn keine privaten oder akademischen Gedankenspiele, sondern hatten eine existentielle Bedeutung und unmittelbare Auswirkungen auf das Handeln. Umgekehrt hat sich Bonhoeffer in seinem Glauben und theologischen Denken beständig durch seine Lebensumstände herausfordern lassen. Er hinterfragte seine Vorstellungen und Überzeugungen, wenn sie sich in neuen Situationen als nicht mehr tragfähig erwiesen. Die Wirklichkeitsnähe seines Denkens war ihm stets wichtiger als das Festhalten an einem einmal gewonnenen theologischen System. Sich immer wieder «ganz von vorn» mit dem eigenen Glauben und der eigenen Theologie auseinanderzusetzen und Liebgewonnenes neu zu überprüfen, diese Haltung kann man von Bonhoeffer lernen. Dabei geht es nicht darum, die christliche Tradition zu verabschieden, sondern nach ihrer Bedeutung für die Gegenwart zu fragen. Diese Haltung ist zusammengefasst in Bonhoeffers Leitfrage, «was das Christentum oder auch wer Christus heute für uns eigentlich ist» (DBW 8, 402).

Die Orientierung an Christus ging bei Bonhoeffer stets mit der Überzeugung einher, dass die christliche Gemeinschaft, die Kirche, für ein christliches Leben notwendig ist. Man kann nicht für sich allein Christ sein, sondern nur zusammen mit anderen. Diese Einsicht ist in den letzten Jahrzehnten im Protestantismus nicht immer beachtet worden. Es sei, so hörte man oft, doch gerade das besondere Kennzeichen evangelischen Christseins – im Gegensatz zum katholischen –, dass man ohne Kirche glauben kann. Dabei wird jedoch übersehen, dass Christen durch ihren Glauben an Christus bereits miteinander verbunden sind. Sie bilden immer schon eine durch Christus konstituierte Gemeinschaft, ob sie sich dessen bewusst sind oder nicht, oder mit den Worten Bonhoeffers: «Christliche Gemeinschaft heißt Gemeinschaft durch Jesus Christus und in Jesus Christus.» (DBW 5,18) Außerdem braucht der einzelne Christ den anderen Christen. Denn keiner kann sich die zentrale christliche Botschaft von der bedingungslosen Liebe Gottes selbst sagen. Sie ist nicht in der eigenen Selbstbeurteilung zu finden, sondern andere Menschen müssen einem davon erzählen. Auch heute noch verdient Bonhoeffers Mahnung deshalb gehört zu werden: «... der Christ [braucht] den Christen, der ihm Gottes Wort sagt, er braucht ihn immer wieder, wenn er ungewiß und verzagt wird» (DBW 5, 19).

Die Kirche ist allerdings nicht nur der Ort persönlichen Christseins, sie hat auch eine besondere gesellschaftliche und politische Funktion. Obwohl Bonhoeffer in einer anderen staatskirchenrechtlichen Situation lebte als wir heute, besitzt seine Forderung Aktualität, die Kirche müsse «für andere da» sein und den Staat an seine Aufgabe erinnern, für Recht und Ordnung (und Frieden) zu sorgen. Die Kirche darf dabei jedoch nicht meinen, die bessere Politikerin zu sein. Gute Politik erfordert politische Kompetenzen, detaillierte Kenntnisse und geschultes Einschätzungsvermögen – Fähigkeiten, die mit dem christlichen Glauben nicht automatisch gegeben sind. Aber während die Politik immer wieder in der Gefahr steht, sich in tagespolitischen Einzelheiten zu verlieren, oder schlimmstenfalls die Orientierung an ihrem Auftrag verrät, hat die Kirche einen Blick für die Dinge, um derentwillen der Staat da ist. Weil sie primär außerhalb der politischen Wirklichkeit steht, kann sie den Staat an seine eigene Aufgabe erinnern: Die Kirche

> soll ... den Staat immer wieder danach fragen, ob sein Handeln von ihm als *legitim staatliches* Handeln verantwortet werden könne, d. h. als Handeln, in dem Recht und Ordnung, nicht Rechtlosigkeit und Unordnung geschaffen werden. ... Sie greift damit gerade nicht in die Verantwortlichkeit des staatlichen Handelns ein, sondern schiebt im Gegenteil dem Staat selbst die ganze Schwere der Verantwortung für das ihm eigentümliche Handeln zu. (DBW 12, 351 f.)

Insgesamt gehen diese Anregungen Bonhoeffers in die Richtung dessen, was in neuerer Zeit unter dem Stichwort der «Öffentlichen Theologie» vertreten wird.

Bonhoeffers Aktualität ist in den letzten Jahren aber auch bestritten worden. Angesichts der von Soziologie und Theologie beobachteten «Wiederkehr der Religion» habe sich Bonhoeffers These, dass wir einer «religionslosen Zeit» entgegengehen, in der Menschen ohne Religion leben wollen, offenbar nicht bewahrheitet. Doch gerade in einer solchen Situation ist Bonhoeffers Forderung nach einer «nichtreligiösen Interpretation» der christlichen Botschaft von Belang – wenn denn seine Analyse stimmt, dass Religion (verstanden in der oben beschriebenen Weise) dem Wesen des christlichen Glaubens nicht entspricht. Bonhoeffer erinnert daran, dass sich Religionen nicht auf Kosten der Welt und in Herabsetzung des Weltlichen entwickeln sollen. Sie dürfen den Menschen nicht zu einer Flucht aus der Welt verleiten, sondern sollen ihm zu einem verantwortlichen Leben in dieser Welt verhelfen. Ebenso wie gegen weltflüchtige Religionen wendet Bonhoeffer sich gegen die religionskritische Ansicht, Glaube sei für den modernen Menschen und seine Welt schädlich. Dagegen wendet er ein: Es ist möglich, so zu glauben, dass Gottesglaube, moderne Autonomie und Weltverantwortung sich nicht ausschließen. Ein Mensch kann intellektuell mündig und ethisch selbstständig sein und gleichzeitig an Gott glauben.

Die ethischen Entscheidungen, vor denen wir stehen, werden durch globale Vernetzungen und durch neue technische Möglichkeiten vor allem in der Medizin und Biotechnologie immer komplexer, schwieriger und in ihren Folgen weitreichender. Angesichts immer neuer ethischer Fragen kommt eine Prinzipienethik an ihre Grenzen, bei der man die eine Norm zu kennen meint, die für alle Fragen gilt, auch für die noch gar nicht gestellten. Aber auch eine Gesinnungsethik, die sich scheut, schwierige Entscheidungen zu treffen, die von Ambivalenz überschattet sind, droht uns handlungsunfähig zu machen. Eine Güterethik schließlich scheitert nicht selten daran, dass die Folgen des eigenen Tuns unüberschaubar sind. Bonhoeffers verantwortungsethischer Ansatz löst diese Dilemmata nicht, aber ermutigt zu einer nüchternen Analyse der jeweiligen Situation und zu einem mutigen Antworten auf die Not des konkret begegnenden Anderen, getragen von der Hoffnung auf Gottes Vergebung nach verantwortlicher Tat.

> Niemand hat die Verantwortung aus der Welt das Reich Gottes zu machen ... Die Verantwortung ist dem Umfang wie dem Wesen, also quantitativ und qualitativ, nach begrenzt. ... Nicht die Welt aus den Angeln zu heben, sondern am gegebenen Ort das sachlich – im Blick auf die Wirklichkeit – Notwendige zu tun und dieses wirklich zu tun, kann die Aufgabe sein. (DBW 6, 224)

Zeittafel

1906, 4. Febr.	Geburt zusammen mit der Zwillingsschwester Sabine in Breslau
1912	Ruf des Vaters an die Berliner Charité, zu Ostern Umzug der Familie nach Berlin
1918, 28. April	Tod des Bruders Walter im Ersten Weltkrieg
1923, 1. März	Abitur
Sommer	Beginn des Theologiestudiums in Tübingen
1924, April–Juni	Reise nach Italien und Nordafrika mit dem Bruder Klaus. Ab Juni Fortsetzung des Theologiestudiums in Berlin
1927, 17. Dez.	Promotion *summa cum laude* in Berlin bei Reinhold Seeberg mit der Arbeit *Sanctorum Communio. Eine dogmatische Untersuchung zur Soziologie der Kirche* (veröff. 1930)
1928, 17. Jan.	Erstes Theologisches Examen mit «recht gut bestanden»
Febr.	Beginn des Auslandsvikariats in einer deutschen Gemeinde in Barcelona
1929, Febr.	Rückkehr nach Deutschland
ab Sommersemester	Assistent bei Wilhelm Lütgert und Beginn der Arbeit an einer Habilitation
1930, 8. Juli	Zweites Theologisches Examen
18. Juli	Habilitation in Systematischer Theologie mit der Arbeit *Akt und Sein. Transzendentalphilosophie und Ontologie in der systematischen Theologie* (veröff. 1931)
ab Sept.	Studienjahr am Union Theological Seminary in New York
1931, Juni	Rückkehr aus den USA
Juli	Zwei Wochen bei Karl Barth in Bonn
ab Aug.	Assistentenstelle bei Wilhelm Lütgert
1.–5. Sept.	Teilnahme an der Tagung des Weltbundes für internationale Freundschaftsarbeit der Kirchen in Cambridge, Wahl zu einem der drei Jugendsekretäre des Weltbundes
2. Nov.	Beginn der Vorlesungen als Privatdozent an der Berliner Universität
15. Nov.	Ordination in der Berliner Matthäuskirche;

	Übernahme des Studentenpfarramts an der Technischen Hochschule in Charlottenburg; Konfirmandenunterricht in der Zionskirche in Berlin-Mitte
1932, *19.–29. März*	Konfirmandenfreizeit in Friedrichsbrunn
20.–30. Juli	Teilnahme an der Jugend-Friedenskonferenz des Weltbundes in Ciernohorské Kúpele
25.–31. Aug.	Teilnahme an der Jugendkonferenz des Weltbundes und des Ökumenischen Rates für Praktisches Christentum in Gland, Bekanntschaft mit Bischof George Bell
Wintersemester	Vorlesung *Schöpfung und Sünde* (veröff. 1933 als *Schöpfung und Fall*)
1933, *30. Jan.*	Ernennung Adolf Hitlers zum Reichskanzler
1. Febr.	Radiovortrag «Der Führer und der Einzelne in der jungen Generation»
7. April	Gesetz zur Wiederherstellung des Berufsbeamtentums (mit dem so genannten Arierparagraphen)
April	Aufsatz «Die Kirche vor der Judenfrage» (veröff. Juni)
Sommersemester	Vorlesung *Christologie*
August	Mitarbeit am *Betheler Bekenntnis*
5./6. Sept.	Einführung des Arierparagraphen in die Kirche der Altpreußischen Union
11. Sept.	Gründung des Pfarrernotbundes zusammen mit Martin Niemöller und anderen
27. Sept.	Protestnote auf der Nationalsynode in Wittenberg
17. Okt.	Beginn des Auslandspfarramts in zwei deutschen Gemeinden in London
13. Nov.	Sportpalastkundgebung
1934, *8./9. Febr.*	Delegation des Kirchlichen Außenamtes unter Theodor Heckel in London
31. Mai	*Barmer Theologische Erklärung* durch die Bekenntnissynode der Deutschen Evangelischen Kirche in Wuppertal-Barmen
18.–30. Aug.	Teilnahme an der Tagung des Weltbundes und des Ökumenischen Rates in Fanø, Vortrag «Kirche und Völkerwelt»
1935, *Frühjahr*	Besuch von christlichen Kommunitäten in England
15. April	Rückkehr nach Deutschland
26. April	Direktor des Predigerseminars der Bekennenden Kirche, zuerst in Zingst, ab Juni in Finkenwalde; Eberhard Bethge im ersten Kurs; in allen fünf Kursen Vorlesungen über *Nachfolge* (veröff. 1937)
	Bekanntschaft mit Ruth von Kleist-Retzow und ihrer Enkelin Maria von Wedemeyer

Zeittafel

Herbst	Einrichtung eines Bruderhauses zur Begleitung der Arbeit im Predigerseminar
Wintersemester	Vorlesung in Berlin über «Nachfolge»
2. Dez.	«Fünfte Verordnung zur Durchführung des Gesetzes zur Sicherstellung der Deutschen Evangelischen Kirche», Verbot von Prüfungen und Ordinationen durch die Bekennende Kirche
1936, 29. Febr.–10. März	Reise mit Seminaristen nach Dänemark und Schweden
Juni	Aufsatz «Zur Frage nach der Kirchengemeinschaft»
5. Aug.	Entzug der Lehrbefugnis als Privatdozent
21.–25. Aug.	Teilnahme an der Konferenz des Ökumenischen Rates in Chamby
1937, 1. Juli	Verhaftung Martin Niemöllers
29. Aug.	Verbot der Predigerseminare der Bekennenden Kirche
28. Sept.	Versiegelung des Predigerseminars in Finkenwalde durch die Gestapo
5. Dez.	Fortsetzung der Predigerausbildung in illegalen Sammelvikariaten in Hinterpommern
1938, 11. Jan.	Aufenthaltsverbot für Berlin
20. April	Anordnung des Treueids aller Pfarrer auf Hitler
9. Sept.	Emigration von Sabine und Gerhard Leibholz nach London
Sept./Okt.	Ausarbeitung der Erfahrungen in Finkenwalde zum Buch *Gemeinsames Leben* (veröff. 1939)
9. Nov.	Reichspogromnacht
1939, *März/April*	Besuch bei seiner Schwester Sabine in London, Treffen mit Bischof Bell, Willem Visser 't Hooft und Reinhold Niebuhr
2. Juni	Abreise mit seinem Bruder Karl-Friedrich nach New York über London
12. Juni	Ankunft in New York
20. Juni	Entscheidung zur Rückkehr nach Deutschland
7./8. Juli	Abreise aus New York, Rückfahrt über London
26. Juli	Ankunft in Deutschland
1. Sept.	Einmarsch Hitlers in Polen und Beginn des Zweiten Weltkriegs
Ende Okt.	Beginn des letzten Sammelvikariatskurses im Sigurdshof
1940	Erscheinen von *Das Gebetbuch der Bibel. Eine Einführung in die Psalmen*
18. März	Schließung des Sammelvikariats durch die Gestapo
22. Aug.	Reichsweites Redeverbot

vermutl. ab Okt.	V-Mann des Amtes Ausland/Abwehr im Oberkommando der Wehrmacht, vermittelt durch seinen Schwager Hans von Dohnanyi; Zuordnung zur Münchner Außenstelle Beginn der Arbeit an der *Ethik* (veröff. von Eberhard Bethge 1949), besonders intensiv November 1940 bis Februar 1941 im Benediktinerkloster Ettal
1941, 19. März	Druck- und Veröffentlichungsverbot
24. Febr.–24. März/ 29. Aug.–26. Sept	Reisen für die Abwehr in die Schweiz
1942, 10.–18. April	Reise nach Norwegen mit Helmuth James von Moltke
11.–26. Mai	Dritte Reise in die Schweiz
30. Mai–2. Juni	Reise nach Schweden, Treffen mit Bischof Bell
8. Juni	Wiedersehen mit Maria von Wedemeyer
26. Juni–10. Juli	Reise mit Hans von Dohnanyi nach Italien, Gespräche im Vatikan
1943, 13. Jan.	Verlobung mit Maria von Wedemeyer
5. April	Verhaftung zusammen mit Hans von Dohnanyi und dessen Frau Christine; Verbringung Bonhoeffers ins Untersuchungsgefängnis der Wehrmacht in Berlin Tegel; Verhöre durch Manfred Roeder Briefe an die Eltern, ab dem Sommer auch an die Verlobte (veröff. 1992 als *Brautbriefe Zelle 92*), ab November an Eberhard Bethge (veröff. zus. mit den Briefen an die Eltern 1951 als *Widerstand und Ergebung*)
1944, 20. Juli	Missglücktes Attentat von Oberst Claus Schenk Graf von Stauffenberg
22. Sept.	Fund des Geheimarchivs Dohnanyi in Zossen
1. Okt.	Verhaftung von Klaus Bonhoeffer
8. Okt.	Verlegung in das Kellergefängnis des Reichssicherheitshauptamtes
1945, 7. Febr.	Verlegung mit anderen Häftlingen in das Konzentrationslager Buchenwald
3. April	Abtransport vom Konzentrationslager Buchenwald
6. April	Zwischenstation in Schönberg im Bayerischen Wald
8. April	Ankunft in Flossenbürg und Verurteilung zum Tode durch ein Standgericht
9. April	Tod durch Erhängen in Flossenbürg, zusammen mit Hans Oster und Wilhelm Canaris

Die Familie Bonhoeffer

Karl Bonhoeffer ⚭ Paula von Hase
1868–1948   1876–1951

Karl-Friedrich	Walter	Klaus	Ursula	Christine	Dietrich	Sabine	Susanne
1899–1957	*1899	*1901	1902–1983	1903–1965	*1906	1906–1999	1909–1991
⚭	gefallen	ermordet	⚭	⚭	ermordet	⚭	⚭
Margarete von Dohnanyi	1918	1945 ⚭ Emmi Delbrück	Rüdiger Schleicher ermordet 1945	Hans von Dohnanyi ermordet 1945	1945 verlobt mit Maria von Wedemeyer	Gerhard Leibholz	Walter Dreß

Literatur

Texte von Dietrich Bonhoeffer

Bonhoeffer, Dietrich: Werke (DBW), 17 Bände, München/Gütersloh 1986–1999.

Dietrich Bonhoeffer – Maria von Wedemeyer: Brautbriefe Zelle 92. 1943–1945, hg. von Ruth-Alice von Bismarck und Ulrich Kabitz, München 1992.

Dietrich Bonhoeffer Auswahl, 6 Bde., hg. von Christian Gremmels und Wolfgang Huber, Gütersloh 2006.

Weiterführende Literatur

Die Barmer Theologische Erklärung. Einführung und Dokumentation, hg. von Alfred Burgsmüller und Rudolf Weth, Neukirchen-Vluyn ⁶1998.

Barth, Friederike: Die Wirklichkeit des Guten. Dietrich Bonhoeffers «Ethik» und ihr philosophischer Hintergrund, Tübingen 2011.

Besier, Gerhard: Die Kirchen und das Dritte Reich. Spaltungen und Abwehrkämpfe 1934–1937, Berlin 2001.

Bethge, Eberhard: Dietrich Bonhoeffer. Theologe – Christ – Zeitgenosse. Eine Biographie, Gütersloh ⁹2005.

Dietrich Bonhoeffer Jahrbuch, Bd. 1 ff., Gütersloh 2003 ff.

Dramm, Sabine: Dietrich Bonhoeffer. Eine Einführung in sein Denken, Gütersloh 2001.

Dramm, Sabine: V-Mann Gottes und der Abwehr? Dietrich Bonhoeffer und der Widerstand, Gütersloh 2005.

Feil, Ernst: Die Theologie Dietrich Bonhoeffers. Hermeneutik – Christologie – Weltverständnis, Berlin ⁵2005.

Haynes, Stephen R.: The Bonhoeffer Phenomenon. Portraits of a Protestant Saint, Minneapolis 2004.

Henkys, Jürgen: Geheimnis der Freiheit. Die Gedichte Dietrich Bonhoeffers aus der Haft. Biographie – Poesie – Theologie, Gütersloh 2005.

International Bonhoeffer Interpretations, Bd. 1 ff., Frankfurt am Main 2008 ff.

Internationales Bonhoeffer-Forum, Bd. 1–10, München 1976–1996.

Leibholz, Sabine: Kindheit und Elternhaus, in: Wolf-Dieter Zimmermann (Hg.), Begegnungen mit Dietrich Bonhoeffer. Ein Almanach, München ²1965, 12–26.

Leibholz-Bonhoeffer, Sabine: Vergangen, erlebt, überwunden. Schicksale der Familie Bonhoeffer, Gütersloh ⁶1990.
Die mündige Welt, Bd. 1–5, München 1955–1969.
Schlingensiepen, Ferdinand: Dietrich Bonhoeffer 1906–1945. Eine Biographie, München 2005.
Schmitz, Florian: «Nachfolge». Zur Theologie Dietrich Bonhoeffers, Göttingen (im Erscheinen).
Scholder, Klaus: Die Kirchen und das Dritte Reich, Bd. 1: Vorgeschichte und Zeit der Illusion. 1918–1934, Frankfurt am Main 1977; Bd. 2: Das Jahr der Ernüchterung 1934. Barmen und Rom, Frankfurt am Main 1985.
Smid, Marikje: Deutscher Protestantismus und Judentum 1932/1933, München 1990.
Strohm, Christoph: Die Kirchen im Dritten Reich, München 2011.
Strohm, Christoph: Theologische Ethik im Kampf gegen den Nationalsozialismus. Der Weg Dietrich Bonhoeffers mit den Juristen Hans von Dohnanyi und Gerhard Leibholz in den Widerstand, München 1989.
Tietz, Christiane: Dietrich Bonhoeffer (1906–1945). Theologe im Widerstand, in: Jürgen Kampmann (Hg.), Protestantismus in Preußen. Vom Ersten Weltkrieg bis zur deutschen Teilung, Frankfurt am Main 2011, 291–312.
Tietz, Christiane (Hg.): Bonhoeffer Handbuch, Tübingen (im Erscheinen).

Bildnachweis

Abb. 1, 8, 11: bpk-images/Rotraut Forberg
Abb. 2, 3, 5, 6, 9: Christian Gremmels/Renate Bethge (Hrsg.), Dietrich Bonhoeffer – Bilder eines Lebens © 2005, Gütersloher Verlagshaus, Gütersloh, in der Verlagsgruppe Random House GmbH
Abb. 4: ullstein bild
Abb. 7, 10: akg-images
Abb. 12: Privatbesitz

Personenregister

Althaus, Paul 36

Barth, Karl 17 f., 20, 24, 28, 31, 33, 35 f., 40, 50 f., 54 f., 91
Bell, George 58, 60, 86 f., 91, 120 f., 123
Best, Payne 120
Bethge, Dietrich 107
Bethge, Eberhard 14, 64 f., 67 f., 79, 87, 93 f., 105–111, 115, 117, 123–125, 129
Bethge, Renate (geb. Schleicher) 107
Bismarck, Klaus von 66
Bismarck, Ruth-Alice von (geb. von Wedemeyer) 66, 106
Block, Eduard 79
Bodelschwingh, Friedrich von 52
Bonhoeffer, Julie (geb. Tafel) 9, 13, 33
Bonhoeffer, Karl 9–13, 15, 22, 31, 39, 46, 80, 106, 109, 115, 119 f.
Bonhoeffer, Karl-Friedrich 10–14, 78, 87 f.
Bonhoeffer, Klaus 10–15, 17, 115, 120
Bonhoeffer, Paula (geb. von Hase) 9–13, 15, 22, 31, 39, 78, 106, 109, 115, 119 f.
Bonhoeffer, Walter 10–14
Brunner, Emil 33

Canaris, Wilhelm 90 f., 120 f.

Delbrück, Hans 11
Dewey, John 34
Diestel, Max 22, 29 f., 36

Dietze, Constantin von 92
Dohnanyi, Christine von (geb. Bonhoeffer) 10–14, 102
Dohnanyi, Hans von 10, 90, 102–104, 120
Dreß, Susanne (geb. Bonhoeffer) 10–14, 40
Dreß, Walter 10
Dudzus, Otto 43

Ebeling, Gerhard 65

Falcke, Heino 127
Feil, Ernst 125 f.
Fisher, Frank 31 f.
Freud, Sigmund 9
Friedenthal, Charlotte 92

Gandhi, Mohandas Karamchand 63
Gehre, Ludwig 121
Goerdeler, Carl 120
Groos, Karl 15

Harnack, Adolf von 11, 17 f.
Hase, Clara von (geb. von Kalckreuth) 9
Hase, Karl Alfred von 9
Hase, Karl August von 9
Hase, Paul von 103
Heckel, Theodor 57 f., 76
Heim, Karl 15
Hildebrandt, Franz 48, 54, 123
Himmler, Heinrich 77 f.
Hindenburg, Paul von 46
Hirsch, Emanuel 36
Hitler, Adolf 7, 10, 40, 46 f., 62, 72 f., 82 f., 89 f., 96

Holl, Karl 18
Horn, Käthe 10
Horn, Maria 10, 33
Hossenfelder, Joachim 52, 57

James, William 34
Jehle, Herbert 43
Jung, Carl Gustav 9
Jüngel, Eberhard 130

Kanitz, Joachim 43
Kerrl, Hanns 73
Kirschbaum, Charlotte von 91
Kleist-Retzow, Konstantin von 98
Kleist-Retzow, Ruth von 65 f., 98–100
Koch, Karl 59 f.
Krause, Gerhard 85
Krause, Reinhold 56 f.

Lasserre, Jean 32 f., 60
Lehmann, Paul 29, 33, 87
Leibholz, Gerhard 10, 48, 86
Leibholz-Bonhoeffer, Sabine 10–14, 86, 89
Leiper, Henry Smith 87 f.
Liszt, Franz 9
Lütgert, Wilhelm 27
Luther, Martin 18, 30, 69 f., 84, 96, 124
Lyman, Eugene William 33

Maechler, Winfried 43
Moltke, Helmuth James Graf von 90
Müller, Josef 90
Müller, Hanfried 127
Müller, Ludwig 55, 57

Niebuhr, Reinhold 34, 87 f.
Niemöller, Martin 51, 59, 73, 78

Olbricht, Friedrich 23
Onnasch, Friedrich 79

Onnasch, Fritz 67, 79
Oster, Hans 90 f., 102 f., 120 f.

Planck, Max 11

Rathenau, Walther 13
Rieger, Julius 123
Roeder, Manfred 102–105, 116
Rott, Wilhelm 64, 67
Russell, Bertrand 34

Sack, Karl 121
Seeberg, Reinhold 18, 27
Schlabrendorff, Fabian von 120
Schlatter, Adolf 15
Schleicher, Rüdiger 10, 44, 115
Schleicher, Ursula (geb. Bonhoeffer) 10–14
Schönfeld, Hans 76
Schönherr, Albrecht 43, 65
Schumann, Clara 9
Stählin, Wilhelm 52
Stauffenberg, Claus Schenk Graf von 114
Strünck, Theodor 121
Sutz, Erwin 29, 33, 35, 62

Visser 't Hooft, Willem A. 86, 91, 123

Ward, Harry 34
Wedemeyer, Hans von 98–100, 106
Wedemeyer, Maria von 66, 98–101, 106, 109, 115–120
Wedemeyer, Max von 98–100
Wedemeyer, Ruth von (geb. von Kleist-Retzow) 98, 100
Winterhager, Jürgen 43

Zimmermann, Wolf-Dieter 43
Zinn, Elisabeth (verh. Bornkamm) 43